南方传媒研究

NANFANG MEDIA RESEARCH

南方报业传媒集团 南方传媒学院 ［主编］

刘 晶　“游戏+新闻”会是VR新闻报道的主流形式

VR这种新的形式，能帮助我们重新定义报道的边界。“读者”这两个字的内涵未来在发生改变，“扮演”（强调）或者说模拟这一概念可能会成为未来新闻体验的一部分，交流将主导用户体验新闻的全过程。这样的改变会带来一个什么远景呢？VR会让新闻更有可能去优化用户体验的部分，用户看新闻，是一种私人订制的体验。这有利于传媒业达到更精确更有效地传递信息的目的。

033

支庭荣 乔 斐　虚拟现实怎样击破“真实的谎言”

虚拟现实延续了“受众中心”的叙事逻辑，“中间人”于焉不复存在，记者更多地从“演员”变成了“导演”，他们以真实新闻事件为蓝本，借助虚拟手段再现现实桥段；而受众亦不再是内容的被动接收者，他们以第一人称的主观视角走进新闻现场，并与新闻当事人进行面对面的实时互动。

051

郭全中　信息的个性化推荐

当前，不少传媒人并不了解个性化推荐技术，但就凭自己的想当然给个性化推荐技术盖棺定论，认为其会造成知识窄化、低俗化和不准确等问题，但如果认真分析个性化推荐技术，就能发现这些判断是误解。

107

南方日报出版社
NANFANG DAILY PRESS
·广州·

图书在版编目（CIP）数据

南方传媒研究·第六十一辑：创业者·南方报人/南方报业传媒集团 南方传媒学院主编. —广州：南方日报出版社，2016.8

ISBN 978-7-5491-1457-3

Ⅰ.①南… Ⅱ.①南… ②南… Ⅲ.①传播媒介-中国-文集 Ⅳ.①G219.2-53

中国版本图书馆CIP数据核字（2016）第199367号

南方传媒研究

第六十一辑：创业者·南方报人

南方报业传媒集团 南方传媒学院 主编

出版发行 南方日报出版社
地 址 广州市广州大道中289号
电 话 （020）83000502
经 销 全国新华书店
印 刷 广州市怡升印刷有限公司
开 本 787mm×1092mm 1/16
印 张 10.625 彩插 0.5
字 数 250千字
版 次 2016年8月第1版
印 次 2016年8月第1次印刷
定 价 28.00元

投稿电话：020-83003364 83004106
网址：http://www.nfmedia.com/cmzj
发现印装质量问题，影响阅读，请与承印厂联系调换。

目 录Contents

NO.61

传媒动态04

本期焦点「创业者·南方报人」001

媒体新物023

庭荣视界051

02

NANFANG MEDIA RESEARCH

编 委 会

地 址 广州市广州大道中289号
电 话 020-83003364 87363753
传 真 020-83004106
邮政编码 510601
电子邮箱 nfcmyj@163.com
网 址 http://www.nfmedia.com/cmzj

"我创立公司，才不想成为腾讯高管。躺在QQ和微信大树下模仿别人，这样多没意思。The big become bigger，全球范围都是如此。在中国，所有300亿美元估值以上的公司都诞生于2003之前（百度、京东），所有1000亿美元以上的公司都诞生于1998年之前（阿里、腾讯），美国也是如此。FAG的流量和收入所占比重不断上升。这种情况下，如果我们有机会打破这沉闷的格局，过程本身就很有意思。我认为，对我们来说，哪怕只有10%的机会，也值得为此全力以赴，何况我觉得不止……这是最坏的时候，也是最好的时候，更是最有意思的时候！"

——今日头条CEO张一鸣否认被腾讯收购的传言。

"我的感觉，视频基本上还是年轻人的消费习惯。而且现在，年轻人习惯用视频说话，已经成为除口语、文字之外的第三种语言。在他们看来，用原生画面传达替代传统语言功能是科技改变人类生活的现象，原生性是人本质的追求。"

——资深电视人、"大头频道（巴九灵）负责人"朱永祥谈网络视频。

"我们自己研发了一套专门做VR的拍摄方案，可以极大地提高品质、控制成本，这是别人难以逾越的专业壁垒。刚刚拍完了长城，效果很好。现在正在拍摄的是兵马俑。"

——头条号"看鉴"创始人李锋称，"看鉴"已在VR领域实现盈利。

"数据新闻都是让数据说话……新闻要有敏感性、新鲜性、时效性，我们会去发现新闻的5w要素，这些大数据都能做到，而小数据没有这些特征。"

——中国传媒大学教授沈浩在谈到数据新闻时说。

“有人说现在是万众皆媒，是的，但并不是万众都可以直播……直播业务是流式的，它整体的信噪比较低，很多人都可以直播，但是有价值的信息并不多，同时拍摄手法也很重要。这是专业媒体、特别是有视频经验的纸媒和电视媒体擅长的领域。说实话，我认为，这是传统媒体最近两年在移动互联网上遇见的为数不多的真正的风口。”

——今日头条高级副总裁赵添阐述今日头条在媒体直播方面的思索和布局。

“就算打开门来竞争，受过新闻的专业训练还是很有优势的，这些训练包括：如何快速判断一件事的传播价值、如何了解你的服务对象的需求、如何迅速地用多种符号表述一个故事、如何借助不同的平台传播等等。更不用说，新闻专业里大量的人文社会历史法律经济等知识的熏陶，不仅能帮助未来的新闻从业者具备理解社会的能力，并且可帮助他们在一些至关重要的问题上做出自己的判断。”

——南京大学新闻传播学院副教授王辰瑶在“2016优秀大学生夏令营”中说道。

“对于毕业生而言，我更看重他们的学习能力和一技之长。学习能力是指接受新事物和获得新技能的能力；一技之长很简单，例如要么英文好，要么知识面宽，总之，要能够有个人的核心竞争力。”

——腾讯网科技频道主编高宇雷在回答“媒体机构希望招聘到什么样的毕业生”提问时说。

“我喜欢综合型人才。我之前有一个实习生，他本科学设计，研究生学计算机，在我这里做了个作品，得到了亚洲新闻奖，这是我要的人才。”

——财新传媒CTO黄志敏在谈到自己对大数据时代新闻人的要求时说。

林楚方

7月11日下午，林楚方向腾讯科技证实，他已离开今日头条，开始新的工作。他表示，接下来会做垂直领域的、有趣的、知识类的、能沉淀品牌和用户的短视频产品。林楚方于2015年2月正式加入今日头条，担任分管市场和公关业务的副总裁。今日头条2016年的广告收入目标为60亿元，相当于一家门户网站的规模。

徐世平

7月31日，上海东方网总裁、总编辑徐世平在朋友圈中宣布，其本人已兼任东方头条总编辑。徐世平1959年11月生于上海，本科毕业于中国人民大学新闻系。现任上海东方网股份有限公司党委副书记、总裁、总编辑。

默多克

据外媒报道，最近因身陷性骚扰丑闻，美国福克斯新闻董事长兼首席执行官罗杰·艾尔斯于当地时间7月21日宣布辞职。母公司21世纪福克斯当天证实了艾尔斯辞职的消息，并宣布执行主席鲁珀特·默多克将亲自出马，代理艾尔斯的职位，直到物色到合适的继任者。

孙军工

网易新闻7月5日消息，最高人民法院新闻局副局长、新闻发言人孙军工已辞职，目前已经入职阿里巴巴，出任公共事务部副总裁。孙军工1968年生于北京，法学博士，曾在最高法研究室刑事处、人民法院报社、最高法办公厅任职，长期从事刑事法律司法解释、司法政策研究工作和司法新闻宣传工作。2009年4月起担任最高法新闻发言人。

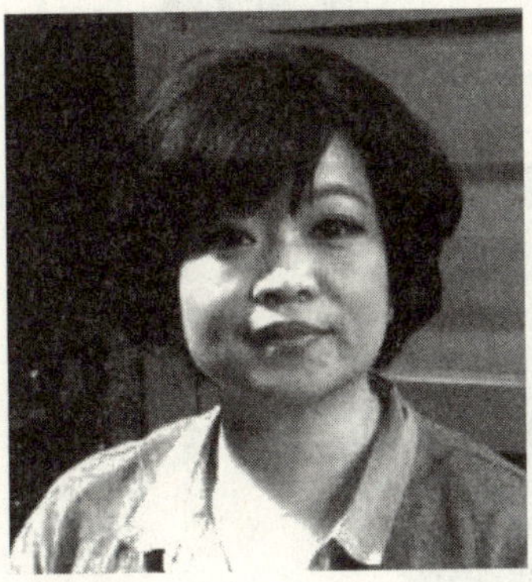

宫铃

7月17日，被誉为“在大陆互联网走得最远的台湾人”、化名宫铃的台湾资深媒体人，因抑郁症离世。宫铃生前曾从事广播、报纸、电视与网络媒体工作，专职采访台湾时政与两岸新闻，离台时任 TVBS 两岸新闻中心主任。

胡正荣

7月19日，教育部人事司消息称，现任中国传媒大学副校长的胡正荣教授，已被确定为中国传媒大学校长考察对象。目前正处于公示阶段。

黄敏希

7月11日，福建法治报总编辑黄敏希因病逝世。黄敏希出生于1970年，长期在福建媒体行业任职，历任法制今报总编辑、福建法治报总编辑。

和晶

据网易新闻7月23日消息，央视原《实话实说》主持人和晶辞职，创建公司并出任公司董事长。今年4月，和晶就已在微博上宣布创业，目前她微博身份已经改为“一度蜜”联合创始人。

图说

媒体人年跳槽率达 13.45%

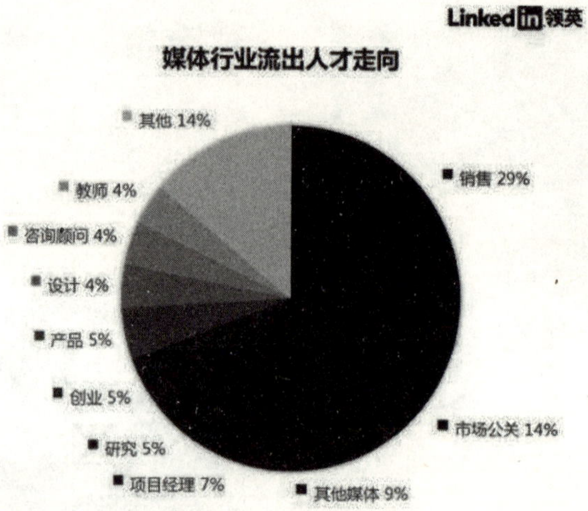

7月11日，全球最大的职场社交平台 LinkedIn（领英）针对媒体行业从业人员跳槽指数进行分析。相关数据显示，在过去的五年(2011—2015）中，媒体从业者年均跳槽率增长达到 4.5%，人员流失现象开始显现并在 2015 年达到峰值，跳槽率高达 13.45%。近些年，互联网企业的飞速发展也间接成为媒体人跳槽的要因之一。LinkedIn（领英）数据显示，在跳槽的媒体人当中，21% 的人都选择了流向互联网高科技领域，而专业服务类公司（如公关公司、广告公司等）则以 18% 的占比紧随其后。

数字

74 人

上半年全球 74 名记者殉职

媒体观察机构"新闻标志运动"2016年7月4日发布报告说，2016年上半年有至少74名记者在全球22个国家遇害，平均每周约3人。记者遇害人数最多的前5个国家依次是阿富汗、叙利亚、墨西哥、伊拉克和也门。

34%

百度第二季度净利润同比下滑 34%

百度7月29日发布截至6月30日的2016财年第二季度未经审计财报。报告显示，百度第二季度总营收为人民币182.64亿元（约合27.48亿美元），同比增长10.2%。第二季度净利润为人民币24.14亿元（约合3.632亿美元），同比下滑34.1%。

1 亿元

央视售卖奥运新媒体版权

7月21日，央视对外放出信号：分销本届里约奥运新媒体版权，且非独家新媒体版权，叫价一亿元。值得注意的是，一个半月法国欧洲杯开赛前，央视曾声明，不向任何第三方分销欧洲杯版权，采取"独播"策略。

20 亿美元

乐视买下美国本土电视第一品牌

7月27日，乐视在美国宣布以20亿元收购美国本土第一电视品牌Vizio。后者是美国本土最大的智能电视制造商。除了生产电视，Vizio的业务还覆盖智能手机、笔记本电脑、台式一体机等产品。按照此前预估，2016年Vizio的出货量将达到800万台左右。乐视此次收购，不仅进入美国市场，而且有希望在销售数量上成为美国当地市场电视最大玩家。

60 亿元

今日头条今年广告目标：60亿

近日，今日头条负责商业产品的副总裁刘思齐透露了今日头条2016年的广告营收目标：60亿元。今日头条广告收入去年为18亿元左右，位列百度、阿里巴巴、腾讯、奇虎360和搜狐之后。

3 亿元

“毒舌电影”完成A轮融资，将上线独立APP

据自媒体公众号“毒舌电影”的创始人何君透露，该公司已经完成A轮融资，由贝塔斯曼亚洲投资基金（豆瓣投资方）领投，官方称此轮融资完成后估值3亿元。“毒舌电影”目前的产品形态是一个微信公众号，内容以提供电影评论和推荐为主。何君透露之后会有一个很重要的战略升级，就是独立开发一款App。

1 万元

2016年中国记者超8成月收入万元以下

今年7月，蓝鲸与美通社共同发布《2016中国记者职业生存状态与工作习惯》调查报告。《报告》发现：“85后”已成为中国一线新闻记者的主力军。超过8成(80.6%)的职业记者月均收入在1万元以下，绝大多数记者的收入并没有随着从业时间与年龄的增长而有显著提升，但调查同时发现近7成(68.9%)的记者表示，在未来五年的职业发展计划里还会继续从事采编职业。

14.3%

上半年新闻纸用量同比下降14.3%

7月13日，2016年新闻纸市场信息交流会在宁夏银川召开。《中国新闻出版广电报》记者从会上了解到，中国报业协会对全国89家用纸量大的报社统计数据显示，2016年上半年比2015年上半年总用纸量减少了8.2万吨，下降了14.3%。从统计数据中可以看到，东北地区下降幅度最大。从报纸类型上看，在这89家报社中，今年上半年比去年同期用纸量增加的报社有14家，增长比例为15.7%，主要为中央级报社和部分省级、地市级党报。

数字

广东新媒体产业基金成立

7月19日，广东扶持媒体产业发展的第二支百亿基金——广东省新媒体产业基金揭牌。新成立的新媒基金由广东省委宣传部、广东省财政厅联合发起，省财政出资10亿元引导，中信银行等社会资金共同参与，募集目标规模100亿元以上。

7月19日上午，广东省新媒体产业基金揭牌仪式在广州举行

南方媒体融合基金投资6家新媒体

7月9日，广东南方媒体融合发展投资基金正式签约首批项目，此次首期投资4亿元人民币，与6家新媒体企业签订投资框架合同，以资本运作和市场化手段发展媒体融合。据悉，这6家新媒体企业分别是广东广电的南方新媒体公司、扎客(ZAKER)、广州舜飞科技、上海义启信息、北京智课教育、杭州玄机科技。

广东南方媒体融合发展投资基金投资4亿签约6个新媒体企业

上海市委统战部首开网络大V培训班

7月8日，上海市委统战部举办了第一期新媒体（自媒体）负责人培训班，现场接受培训的学员都是年轻的“80后”“90后”。他们属于“新的社会阶层”中的“新媒体中的代表性人士”。不难看出网络人士已纳入统战部门视野，或将成为新时期统战工作的重要对象之一。

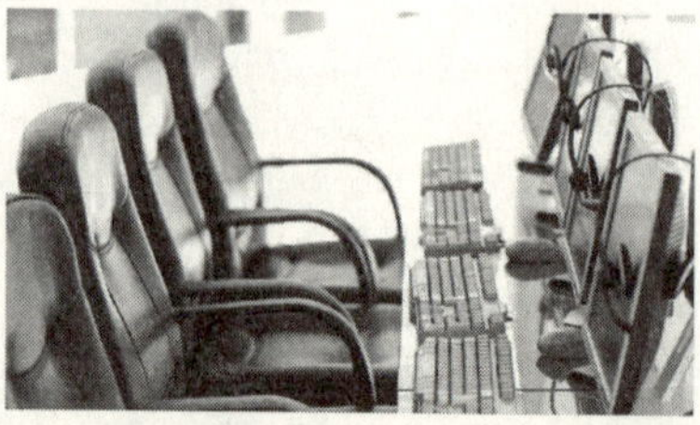

郑州报业“新闻超市”惊动全国

郑州报业集团将旗下的党报《郑州日报》、都市报《郑州晚报》、网络“中原网”的视频和音频、中原地铁报、郑州社区报、中原手机报等媒体的两微一端全部打通，党报、都市报、网络的时政部、经济部、县市部、文娱部、体育部逐步合并，各媒体只保留夜班和保留各自的特色栏目数十人，所有稿件进入“新闻超市”，按需取稿付酬，建立了集团层面的融媒集群指挥中心和“融媒体新闻超市”。

与会嘉宾在郑报融媒直播台合影

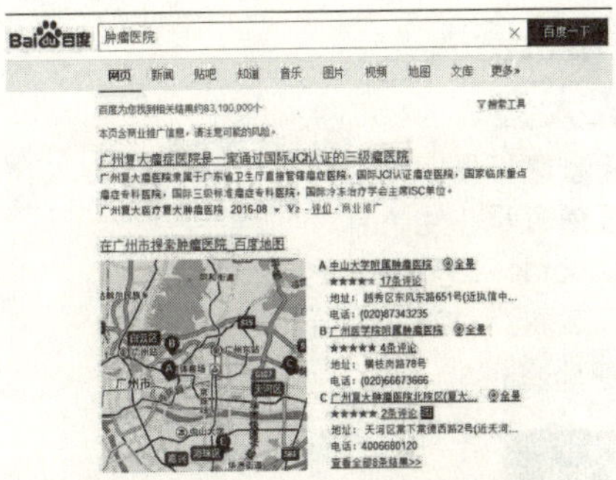

7月27日下午，国家网信办、发改委、工信部三个部门在国新办就《国家信息化发展战略纲要》有关情况举行发布会

2016年3月30日，北京市互联网信息办公室召开2016年度北京互联网举报工作会

工商总局首次明确付费搜索是广告

国家工商行政管理总局7月8日正式发布《互联网广告管理暂行办法》(以下简称《暂行办法》)，明确界定互联网广告包括推销商品或者服务的付费搜索广告。《暂行办法》将于2016年9月1日起施行。

Verizon以48.3亿美元现金收购雅虎

7月25日，彭博社发布消息称确认Verizon以48.3亿美元现金收购雅虎核心网络业务（邮箱、新闻、体育内容和金融工具）。雅虎表示之后将变更公司名称，并成为一家投资公司。除了雅虎的网络业务，本次现金收购还包括雅虎的房地产，但是不包括一些知识产权，知识产权将在之后进行单独售卖。雅虎会保留其在阿里巴巴（雅虎占15%）和雅虎日本公司（雅虎占35%）的股份，总市值约400亿美元。

我国将对所有媒体属性网络平台进行管理

7月27日下午，国家网信办、发改委、工信部三个部门在国新办，就《国家信息化发展战略纲要》有关情况举行发布会。据透露，我国将强化舆情管理，对所有从事新闻信息服务、具有媒体属性和舆论动员功能的网络传播平台进行管理。

北京网信办责令多家网站整改

日前，北京市网信办对属地新浪、搜狐、网易、凤凰等网站在提供互联网新闻信息服务中存在的大量违法违规行为提出严厉批评，责令网站限期予以整改。目前，新浪已关停“极客新闻”栏目，正在清理“新浪直播间”栏目中违规内容；搜狐已关停“新闻当事人”“弧度”“点击今日”等栏目；网易已关停“回声”“路标”等栏目，正在清理“新闻学院”栏目中违规内容；凤凰已关停“严肃报道”栏目。所有关停、清理栏目包括网站网页、移动客户端、微信公众账号等各发布平台。

《华盛顿邮报》和 Buzzfeed 用机器人报道美国共和党全国代表大会

近日，《华盛顿邮报》和 Buzzfeed 已经派遣机器人前去报道美国共和党全国代表大会，并且还将在报道过程中引入额外的互动元素。《华盛顿邮报》将从 Double Robotics 引入一台远程呈现系统，在共和党全国代表大会期间，这款产品将在会场内四处闲逛，通过 Periscope 传输流媒体直播视频。

《华盛顿邮报》用于新闻报道的机器人

外媒开始流行聊天机器人？如何用自动问答"喂饱"用户

3个月前，Facebook Messenger 推出聊天机器人 bot platform，但他们尚未打算好如何向用户进一步推广聊天机器人，以及是否公开用户数据。与此同时，其他多平台媒体公司诸如 Fusion、科技博客 TechCrunch、天气应用 Poncho 以及男性时尚杂志 Complex 也在各尽其能，努力在聊天机器人这一方面挖掘客户，并且成效卓著。

Echobox 一键智能分发 解放新闻搬砖工的神器

英国智能内容服务公司 Echobox 最近获得了 340 万美元的投资。Echobox 开发的技术，能以更智能的方式，帮内容发行商在 Twitter 和 Facebook 上发布内容，因此它自称为线上发行产业的"人工智能"。"Echobox AI"人工智能分享技术可以监测病毒式传播的内容，并为客户建议哪些文章值得在社交网络上分享，在什么时间分享。

土耳其政变真的是靠媒体“终结”的吗?

土耳其总统埃尔多安通过苹果手机上的视频聊天软件FaceTime接受了CNN土耳其语频道的采访，他对着手机摄像头发表讲话，号召民众走上街头，抗议政变

日前，土耳其遭遇了一场政治地震，在这场来去匆匆的政变中，现任总统埃尔多安出其不意地利用新媒体发声，实现绝地反击。似乎，新媒体在这场政变中起到了关键作用，然而仅靠媒体的力量真的能够改变政治走向吗?

在土耳其政变中，争斗双方对媒体的反复争夺、总统一反常态利用社交媒体展开助攻，让大家再次看到媒体在政治生活中的重要性。

那些亲近底层，热衷于影响社会民众的领导人可以借助新媒体把自己变成国家偶像，表达自己的政治立场和价值理念。但是，社交网络也同样可以成为针对政权的大杀器。在这次对土耳其政变的讨论中，被重新提及的“推特革命”就是一例。

埃尔多安利用社交媒体绝地反击，然而，他胜利的根本原因却不在此。土耳其国内各党派、教派的利益纷争，此次参加政变的军人的数量、军队内部政变目标是否坚定统一、埃尔多安及其领导的正义与发展党在土耳其国内所拥有的政治基础等等，这些原因才是决定政变结果的最关键因素。

（摘自“刺猬公社”公众号）

“打赏”模式可能带来的传媒业变革

打赏作为一种基于网络平台的由读者直接支付给媒体产品原创者的支付方式，并不是才有的事物。但最近发生的一些事件，如著名网络红人 Papi 酱获得 1200 万元融资，并在直播第一天获得了 90 万元营业收入。著名企业家和网络红人王思聪先生开办自己的直播平台，并以千万年薪签下游戏主播，无疑使得打赏获得了前所未有的关注。

可以想象，它对于市场首先带来的冲击可能是竞争模式的巨大改变：相比传统的出版社邀请作者模式，打赏模式似乎提供了一个准入门槛更低，对于新作者也更公平的全面自由竞争市场。其次，在新的模式下，如果内容不再为出版商垄断，消费者对于纸质书的唯一需求可能就是基于纸质读物的阅读方便性和舒适度。这可能会压低纸质媒体的利润，或者对纸质媒体的产品设计策略提出新的要求。第三，对于网络媒体平台，如微信、微博、天涯或各大视频网站，则要思考打赏打来的收入模式设计和改变。

（摘自“财新网”公众号）

南方报业联办
第五届中国南方智库论坛

7月14日，第五届中国南方智库论坛在广州举行。本届论坛以“扩大开放与国家未来”为主题，由广东省社会科学界联合会、华南理工大学公共政策研究院、中山大学粤港澳发展研究院、中国（海南）改革发展研究院、中国（深圳）综合开发研究院、南方报业传媒集团等单位联合主办。省人大常委会副主任周天鸿，中国国际经济交流中心副理事长魏建国，新加坡国立大学东亚研究所所长、华南理工大学公共政策研究院学术委员会主席郑永年，中国（海南）改革发展研究院院长迟福林，中国社会科学院世界经济与政治研究所所长张宇燕等领导和海内外知名专家学者、企业家共200余人出席论坛。副省长蓝佛安出席并讲话。会前，周天鸿、蓝佛安会见了参加论坛的知名专家学者。

全省新闻战线“走转改”活动
南都获优秀作品一等奖

7月28日上午，广东省新闻战线深入推进“走基层、转作风、改文风”活动座谈会在广州召开。省委常委、宣传部部长慎海雄出席并讲话。会议通报表彰了2015年以来全省新闻战线“走转改”活动60件优秀作品和10个先进集体。5个先进集体的负责同志和3位优秀作品作者代表在会上介绍了开展“走转改”活动的做法和经验。其中，由南方都市报记者商西、程姝雯采写的《南都记者揭秘中央信访督查全过程》报道获得优秀作品一等奖。

NEWS 时局

南都记者揭秘 中央信访督查全过程

督查组的现场追问 让当地官员脸红了

本期焦点「创业者·南方报人」

本期焦点「创业者·南方报人」

姜英爽　能做好新闻人，你可以创造更多生产力
刘　荣　媒体人回乡，再造美丽乡村
方夷敏　方夷敏（黎贝卡）：我的转型之路

编者按

他们曾经都是传统媒体记者，都在广州大道中289号大院共事。由于各种原因，他们走上创业之路，并且获得成功。

他们还有这样的共性：当年作为报纸记者，表现都很优秀，硕果累累，实现了新闻理想;试水传统媒体人的转型，方向路径明确，得施所长，少走了许多弯路。

他们身上，凸显了南方报人积极进取、勇于创新的品格。他们有梦想并且脚踏实地、身体力行，譬如刘荣复活“空心村”，打造民宿运营新模式的构想和行动；譬如黎贝卡，由自己的爱好想到并且帮助别人实现需求——陪逛街，体现了用户思维——这便是互联网经济时代不可或缺的思维。

他们善于在生活中发现需求，并且尽快地满足需求。

他们的故事还告诉人们，成功的根本与其曾经从事的报纸新闻工作、与充分发挥自身优势有很大关系——方夷敏说一直在努力“做市场需要的优质内容”，“大米”则称“所做的事情跟过去十几年的媒体新闻职业密不可分。我现在做的仍然是新闻，不过是更加强调服务性”。刘荣说当了多年的报纸记者，让他“在看待项目时不被表象所迷惑”，今天的他感激老东家南方报业应该是发自内心的。三位华丽转身的原传统媒体人都选择了做自己熟悉和擅长的事情，而且成功地把能力和专长对接于新的事业，这算不算是成功的秘密之一呢?

至于三位“老南方”的转型经历是不是可以表明“传统媒体人做新媒体成功的可能性更大”，这就要留待读者诸君去评判了。

漫画 曹一

能做好新闻人，你可以创造更多生产力

□姜英爽

笔名大米，南方都市报原首席记者、腾讯大粤网内容中心原副总监，2015 年 2 月离职创业，创办的自媒体“大米和小米”现在是国内自闭症等发育迟缓问题最专业的媒体平台。

在大家都宣称自己的公司市值多少亿的时候，我一直羞于启齿自己所做的事儿。相比较而言，以前在媒体圈我就是个低调而独立的“异类”。4 月份，我在深圳参加了一场南都老领导苟骅等媒体人创业的项目“——南友圈”的活动，在那里见到了很多故人。互相寒暄下来，大家不是 CEO 就是 COO，不是在创业就是在创业的路上。媒体人创业和自媒体已经成了时髦。没想到，我也赶了一次时髦。

而就在前两周，深圳一个 NGO 举办的特殊孩子家庭的全国性年会上，我赶去会场听其中一场讲座，我是活动进行到中途偷偷溜进会场的，没想到会议主持人看到了我进来，她对着会场说：“大米和小米的大米老师到了。”会场上顿时自发响起了热烈的掌声——100 多位参会者绝大多数是全国家长组织的带头人或者专业人员。其实，我和他们都素不相识。

这个掌声让我久久不能平静。我从来没有想到前半生闲云野鹤般自由的我，居然有一天会去创业；也没有想到，仅仅在辞职创业一年，就已经收获了这么多。明年的今天会是如何，我已经不能预计，但是，即使我的创业就到今天为止，即使我所有的投资拿不回来，就为了他们给我的这掌声，我已经觉得，值了。全国心智障碍者家长组织联会的理事长、广州现代国际市场研究有限公司副总裁戴榕是我的股东之一，也是一个 18 岁自闭症孩子的妈妈，她在嘉嘉案被报道之后，对另外一个股东说：即使我的投资全部都收不回来，大米已经远远超越了我的期待。而另外一个股东——广州扬爱特殊孩子家长俱乐部副理事长卢莹，在事业上是个成功的自由投资人，她则发出感慨："'大米和小米'的投资是我这辈子最成功的投资。"

说起创办专门为自闭症、发育迟缓等人群服务的自媒体"大米和小米"，它的历史也不长。但幸运的是，我一开始就想到了如何去运营它，并且找到了最初的商业模式。

7 年多前，我的女儿小米，曾被医生误诊为自闭症，正是这个并不美丽的误会，让我开始走近这个圈子的家长和专家，并于 2009 年发起了专为自闭症家庭服务的 NGO 组织深圳市四叶草自闭症家长支持中心，一直在为网络上以及通过各种渠道找上门的家长们提供专业知识的帮助。我们拥有几千人的活跃 QQ 群。

2014 年 9 月，当时在大粤网内容中心工作的我开始尝试用公众号从事育儿知识的传播，因为当初只是单纯想有个自己分享的地方，所以有了非常个人化的名字叫"大米和小米"。但做了十多年深度新闻的我，很快意识到我应该突破个人知识的限制，用我媒体人的专业优势去约稿、采访，为我的粉丝们提供专业的资讯和各种信息。结果微信公众号大受欢迎。

大粤网不同于传统媒体，在那里短暂的时间里，我学会了最重要的五个字——"互联网思维"。我开始想如何养活它，并且尝试"内容付费"，让读者为我提供"打赏"，很多陌生的读者通过微信扫码和支付宝表达了对我的支持，一个月内，我就收到了两万多元。这给了我极大的信心。

由于内地自闭症疗育市场的极端不规范和初级，做过电视的我很快想到了和台湾等地名师通过制作专业的视频课程，来做网络教育。而且我可以把专业的知识通过生动的实际操作课程来向广大家长呈现，如果做成这样的事儿，在最遥远偏僻的地方，自闭症孩子的父母也可以知道最先进最科学的疗育方法。

当我只有一个 idea 的时候，一次偶然，我去采访系友吴晓波，他听完我的想法说：辞职去做吧，大不了失败了再去做记者。还有几位媒体同事和同学马上拿出钱，成为我们的股东。就这样，凑成了 100 万元，我于去年 2 月辞职，专职运营"大米和小米"。我的想法很简单：这事有需求，应该有人去做。如果我不做，我会后悔。为了让自己不后悔，我就去做吧！

我越来越发现，其实我做的事情跟我过去十几年的媒体新闻职业密不可分。我做的仍然是新闻，不过更强调服务性。我们每日一篇，基本是原创。我们有独立于这个群体家庭的思考，内容有关这些家庭所面临的一切：关于疗育、关于教育、关于医疗、关于社会、关于政策。这真的是非常有意义的一件事情!

客观、中立、敏锐的新闻专业主义基因和符合公共群体利益,这才是"大米和小米"能够迅速成长并无法被抄袭和复制的根源。我们做了特殊孩子与二孩生育政策的报道、做了抑郁症与特殊家庭的报道、我们做了精神类疾病患者被监管的报道、做了自闭症孩子被父亲杀死的报道、做了四川自闭症少年杀人事件，更在今年5月份，我们首家报道了4岁自闭症儿童嘉嘉在广州番禺一家机构每天穿棉衣拉练20公里后暴亡的新闻，文章经各媒体转载后点击率接近100万，直接推动该事件被公安机关立案侦查，并获得国务院领导批示。两周前，尸检结果表明孩子死于中暑的最严重一种"热射病"，更证明了之前我们报道的客观和事件的恶劣性。这些选题都得到了读者的喜爱，每天会收到大量的粉丝留言和评论。在适合公众平台传播的话题上，我们还联合腾讯、网易同步刊发，并在2015年底获得了网易订阅号育儿类大奖。

在一次次热点报道中、在一次熬夜到凌晨的写稿中，我们迅速成长，也赢得了众多的忠实粉丝。我们内容团队就三四个人，没有花一分钱去营销打广告，从去年到现在，微信端的4万粉丝和网易的7万粉丝，就这样来了，微信端平均每日阅读率一万，生性自由或许有几分懒散的我，无比勤奋和认真对待着平台的每一篇文章，因为，有那么多痛苦和绝望的残障儿童的父母会告诉我，"大米和小米"是他们灵魂的栖息地和希望。所以，他们有什么事儿，都会想到向我们求助。而唯有爱和信任不可辜负，我希望自己，可以做得一天比一天更多。

更让我骄傲的是，它不但在国内自闭症家长圈里享有盛誉，而且得到了专业人员的认可。世界各地的华人治疗师主动和我们联系,为我们写稿,广东所有专业医院的发育科医生都自发向刚被诊断的孩子父母推荐我们的微信公众号。

今年6月初，我们终于第一次推出了正式的产品：三位和我们合作的台湾著名治疗师的在线课程，有众多国内专家为我们无偿"代言"。仅靠微信公众号的推广，加上我一共三个"客服"，我们的销售额实现了接近200万元。

与此同时，我还在忙着撰写通俗的疗育书籍，开发衍生产品。我们的线下产品——一家占地1000平方的自闭症疗育机构大米和小米实验基地也即将在深圳开业。作为我们线上课程的线下体验店，它与世界上一流的专业人员合作，把美国的成熟疗育经验搬到了国内，还没开业就有不少孩子在排队等着成为我们的顾客。

创业的道路刚刚开始，我很清醒，我的优势是什么、我自己要做的又是什么。商业和公益性并不矛盾，政府和政策的缺位才会有“大米和小米”发展的土壤，想做和可以做的事情太多太多了。这些特殊家庭的一生都需要特殊专业的服务，而就像马云说的，我们需要的是HONOR，拥有了honer，你卖什么东西都可以卖出去。我的终极目标，是为中国数千万心智障碍群体及其家庭建立一个有公信力的平台。我们可以影响行业，或者更多地影响社会和政府。这个人群，需要一个值得信任的品牌以及为他们的终生服务。

我单纯耿直，为人不善钻营，最感兴趣的是创意和创造，别人也认为我不擅长管理。刚开始创业时，我也会觉得这个很可怕。其实，慢慢地，团队会有各种各样的人加进来，把自己不擅长的那部分交给信任的人去做，我仍然可以只专注于自己喜欢的领域和事情，而且可以试着去换位思考更多的事情，学会更多的知识。最可贵的，是学会自己用消费者、服务对象的思维去考虑市场需要什么，去打造专属于你的知识产权的产品。

创业一年多，如果你问我感受最深的是什么？那就是，不分昼夜，说多了都是泪！你问我后悔吗？我会回答：后悔做了这么多年相对静态的新闻记者，我们能做好优秀的记者，能生产出优质的内容，那么一定可以产生无穷的创意，变成生产力。而对于商业模式，我的想法是，最重要的，是你要清楚你为谁服务，你的优势和产品是什么。而每天去钻研，去亲眼看到自己亲手去改变、去创造一款产品，一天天让这个世界变得更好，真的是一件非常有魔力的事情。

人生漫长，去尝试和挑战更多样化的事情吧，我们永远比自己想象的更有潜力。我们的大脑，是我们不可替代的宝藏。

（作者系自媒体“大米和小米”的创始人）

媒体人回乡，再造美丽乡村

□刘荣

南方都市报原资深记者。2010年离职创业，联合创办宝苞农场、现象工场。2015年底创办桃花湖旅行、桃花湖艺术小镇。在国内首创规模性民宿区，在美丽乡村、城乡融合和精准扶贫等领域持续不懈地探寻思路和出路。

一、做了十年记者，回归田园

1978年9月，我出生在梅州山区。我小时候最大的梦想，就是带着父母走出大山，到城里去生活。小学二年级的时候，我立下的职业目标是做记者或者诗人。1997年，我来到广州读大学，果然发表了不少诗歌，拿了一些奖，并在2001年7月进入南方都市报，做了一名记者，经历了报业的黄金时代，以及2008年后开始下滑的景象。此间一直在思考，能否回归田园。

2010年10月，在我的孩子小黄豆出生前夕，为了给他更健康的生活环境、更放心的食品，我离开了服务十年的南方报业，走上了农庄创业之路。

2011年，我在清远桃花湖附近拱水村的一块荒地上，建了一个小小的私家农庄，为城里的好友们提供山泉水滋养的稻米，以及自己养的土猪和山羊。但是由于缺乏生鲜物流配送的经验，以及对市场过于乐观，导致我遇到了不少的困局，后来不得不砍掉了不少的相关模块。在做农庄的过程中我还发现，做生态农场也是一件一厢情愿的事情。在空气污染、土壤板结等大环境中，个人的努力显得非常徒劳。但是，我也遇见了许多惊喜，尽管曾经想过放弃，但总是不舍，觉得生活会眷顾努力的人们。

而且这几年来，小黄豆见证了我在桃花湖回乡的过程，经常跟着我游山玩水，吃乡下的食物，他比幼儿园里的许多孩子看起来要开朗和健壮许多。

于是，我决定在桃花湖边留下来，踏上了再造美丽乡村的道路。

二、名人共建，打造民宿运营新模式

距离广州市区2个半小时车程的桃花湖，坐落在一片与世隔绝的好山水之中。2015年中，我得知未来建设的高速出口将设在桃花湖附近。按照有关政府部门规划，2018年金汕昆高速、清连高速、广乐高速三条高速将在桃花湖附近区域交汇，到时珠三角的所有城市到达桃花湖都不会超过2个小时，交通利好将给这片区域带来的发展空间不言而喻。

看准了这个机遇之后，我很快启动了桃花湖民宿区的创业项目，积极与当地政府沟通，并于2015年8月获得区域的独家开发权。2015年9月23日，广东省清远市清新区正式发布了一系列关于乡村旅游的新政，其中着重强调对民宿经济的大力开发和扶持。我的创业正巧赶上了"政策之东风"。

2015年12月18日，我们启动了桃花湖民宿区的建设，并于2016年2月8日建成首个改造型精品民宿桃花壹号，在春节期间以仙境之誉的"素颜风景图"刷爆了朋友圈。而位于牛迳村21号的桃花壹号，有个小小

的故事。2015年8月，我来到龙须带水库移民村，这座房子的主人庞大叔一家，因为一些事情，紧急需要钱，早前把这套房子以非常规的手续卖给了他人。村里李书记跟我说了这家人的困境，他们全家商量后，希望把房子赎回来跟我合作。我不要他们的房子，合作经营，给他们合适的费用，合作期满后续签或者把房子给回他们。商议好后，在李书记的协助和见证下，我把整个合作期的费用全部付清了。9月的某个傍晚，亲朋好友和李书记来陪他一起办手续，大家都开心坏了，我们的办公室一片欢声笑语。

从桃花壹号建成后开始，桃花湖民宿区团队遵循中国传统士大夫及当下中产阶级喜闻乐见的生活方式，把桃花湖畔几十座旧房舍和部分旅游用地板块改造成不同风格的主题民宿，分别有“音”“弈”“书”“善”“侠”“墨”“茶”等不同主题。每个主题民宿均由文艺界不同的大咖亲自操刀设计打造，还可与住客充分互动，提供该领域名人营造的文化艺术体验。2016年7月，由著名主持人马志海发起的“侠”主题民宿也打响了桃花湖民宿区名人民宿主题系列的第一炮。

桃花湖民宿创新的共建分享模式改变了传统民宿酒店重资产运营的方式。在桃花湖名人民宿板块，每个主题民宿的发起人和执行团队，并不需要资金成本投入，只需要发挥其创意智慧和影响力，全力投入建设，即可获得一定比例的股权收益分成。如此一来，零现金成本的低风险让很多行业人士参与，并且努力发动社群共建分享。

社群共享模式不仅解决了重资产问题，更重要的是解决了民宿区种子用户的问题。入住率，是民宿酒店发展的核心因素。有了粉丝众筹的这个基础，通过朋友圈发酵和口碑传播，未来用户会越来越多。比如由主持人马志海发起的主题民宿“侠”，就受到了很多“师奶”的喜欢，他的观众纷纷发出参与共建的强烈愿望。

三、复活“空心村”

桃花湖民宿区的核心区域均是在“空心村”，如何复活和再造乡村，也是我在桃花湖边思考得最多的问题之一。

我们尝试通过桃花湖艺术小镇的发展，让“空心村”恢复昔日的活力，媒体人艺术家们将在乡村里为村民提供更多的就业（食堂、清洁等）以及创业机会（旅游产品、农产品等的销售），也会带动更多基础设施的建设和完善，并以此吸引在外务工的青壮年返乡，实现“人才回流”。人力资源的补充以及开发，将会改善“空心村”现状，推进乡村的复活和再造。而在村民旧房基础上改建而成的桃花湖民宿，不仅能让村民每年有收入或分红，在合作期满之后，还可以收获一栋完好的物业。

在提高村民物质收入的同时，改善村容村貌、丰富当地村民的精神生活，也是桃花湖开发团队规划当中的重要部分。因此，从桃花壹号开始，桃花湖民宿区就不惜投入成本引入生化环保处理系统，对民宿的生活垃圾以及废水循环过滤处理，处理过的水可以直接养鱼养虾。旅客食物残渣排

入化粪池发酵后，我们会不定期地捞出来，作为有机肥循环利用；处理过的生活污水，还可以用来浇花或者是浇菜。针对附近村民生活垃圾乱扔乱倒的现象，桃花湖也会发起征集活动，设计一批有特色的垃圾桶放置湖边，并邀请公益团队以及志愿者前来给当地村民举行环保知识培训以及宣传活动等。

城市人生活在“石屎森林”中，太寂寞太空虚了，每个人都想要寻找儿时乡里乡亲的感觉，一起生活，一起嬉戏。让“空心村”变得好玩有趣，也是一件很有意思的事情。在桃花湖民宿区刚开始建设的时候，也有人问过我“预计多少年可以回本？”目前跟我一起来到桃花湖的朋友们都没那么急功近利，不会整天计算着几年能够回本，不是投了钱就想着要拿回来的，只有这些人才能够享受乡村生活，才能够真正让乡村复活。

四、艺术小镇，寄托更多的梦想

桃花湖起于民宿，但会止步于民宿吗？还会有什么更好玩的可能发生吗？

几个月来，我不断地思考这个问题。通过反复的构想、尝试、探索、挖掘，现在，在伙伴们的共同努力下，桃花湖要走的路，也越来越清晰。在桃花湖开发的规划中，我们将利用当地的部分空地，建设一个桃花湖艺术小镇，这是个集旅游各个要素吃、住、行、游、购、娱于一体的综合文创旅游小镇。

小镇中包含了四个好玩的模块：名人民宿、文创硅谷、蒸汽朋克山地乐园、创意农业区。这四个模块为旅游者提供一站式的旅游设施及体验，为艺术家、生活家提供更开放的想象空间和创作环境，为每一个体验者提供丰富而独具特色的健康文艺生活。吸引文化艺术界的人士留下来创作耕耘，一起打造桃花湖文创硅谷。桃花湖山水丰美，远离都市尘嚣，可以作为艺术家的创作采风基地，为艺术家提供候鸟式的栖息服务，此外还可以举办各种展会、论坛以及活动赛事。蒸汽朋克山地乐园将会提供汽车越野、自行车越野、热气球、滑翔伞、房车营地等百余个户外项目。而创意农业区则可以让客人摘水果、体验种植，享受劳动的快乐。

艺术小镇不仅仅是一个旅游景点。它的意义更在于，这是一个在乡村中可持续发展的模式，提高村民收入，改善村容村貌，实现精准扶贫的同时，也能通过环境保护行动，把新鲜空气和优美景色留给子孙后代。

在桃花湖畔，一下子仿佛回到童年的旧时光：清新的空气，浩荡的山风，秀美的湖景，质朴的民风，可口的乡宴。在这里，也许每个人都能找到自己梦中的原乡。在这个承载了梦想，可以充满无限想象的桃花湖边，我们回到了乡村，也希望在这里走出乡愁。

感恩在南方报业集团的10年，让我在面临人生中重大挑战和关口时，处处逢贵人，总能找到给力的伙伴或资源一起面对困难，越过山丘。而在面对项目时，媒体人的经历也能让我在看待项目时不被表象所迷惑，可以看得更全面、更深入。感谢南方报业的领导和同事们的支持，让我获得巨大的能量在这条路上继续坚定前行。

（作者系桃花湖旅行创始人、CEO）

方夷敏（黎贝卡）：我的转型之路

□方夷敏

时尚公众号“黎贝卡的异想世界”主理人，南方都市报原首席记者。2015 年 5 月离职创业，创办的自媒体“黎贝卡的异想世界”现在是国内“最具商业号召力时尚自媒体”之一，粉丝超过 90 万，每篇文章平均阅读量 30 万 +。

一、为什么选择做自媒体

我辞职的原因有很多。

我之前做了很多年的记者，其实到现在我还是很喜欢记者这个职业。但是辞职前的那段时间，我对于我所做的领域（当时跑的是电影线）以及日报的那种做新闻的方式，开始有一点厌倦，觉得没有特别大的学习欲望和激情——我觉得这特别可怕。

我是那种闲不下来的人。这不是说我那时候的工作很轻松，其实非但不轻松，还挺辛苦的。但是，那种激发我想学习和产生更多创意的动力已经很弱了。我得不断地跟自己说：你再加把劲儿，说不定你能够突破这个瓶颈。但现实是，这非常难。我就在想，是不是应该换一个环境或平台试试？所以就辞职了。

至于说为什么要选择做微信公众号，因为对我来说，那是一个能够激发我学习欲望和热情的平台。我在微信公众号上做的内容跟我之前做的很不一样，我之前做的是电影，偏娱乐产业，现在做的主要是时尚方面，其实是两个完全不同的领域。时尚这个领域其实是我以前不那么了解和熟悉的，所以它肯定会逼着我去熟悉。比如说，每天后台都会有很多读者来问我一些问题，有一些我不知道，我就会立刻去搞清楚——也就是说，这个新的领域会促使我不断去学习。

另外，自媒体这种传播形式我也是第一次接触，之前做报纸，其实你不那么清楚你的读者是谁。《南方都市报》的发行量当时说是快两百万了，但我并不知道我写的文章是谁在读，我也不知道他们看了以后是不是想骂我，可能他们想骂我都找不到地方吧。这跟新媒体的传播、互动方式完全是两回事，所以到了微信公众平台，我觉得很新鲜。

在我辞职之前，传统媒体自身也在寻找一些转型的道路，我的工作环境本身也在改变。比如说，我可能不再像之前那么纯粹地把所有精力都用在采编上，我会去做很多公关的事情——这个其实不是我的兴趣，也让我想要再找到一个平台来继续做我想做的事情。自媒体其实是很偶然地让我发现它是可以这样做的。

我辞职也不是为了专门做自媒体，只是做了以后才发现，原来我还是可以继续做我感兴趣的采编工作，我还是一个内容提供者。

在我辞职前我们部门有一个分享会，同事让我分享了做新媒体的经验。而我做了新媒体以后最大的收获就是：我的危机感没有了。之前哪怕说我会坚持做采编，我还是有危机感：作为传统媒体的一员，怕我会被淘汰掉。但是自从我做了自媒体以后，我觉得传统媒体人的那种担忧有点自我夸大了。因为无论传播的方式怎么变，优质的内容都是有市场的。无论是报纸还是新媒体，无论这个形式怎么换，如果没有优质的内容，它都是不行的。因此关键还是在于你是否能够把自己变成一个优质的内容提供者。

二、为什么选择时尚类公众号

首先，没有选择做电影跟娱乐内容是很自然的，因为我刚开微信公众号的时候还没有辞职，做公号只是想试一下。说真的，在纸媒里面，我和同事以及一起跑线的其他报社的记者，大家的危机感都很重。那时候我们经常开玩笑说我们就要被淘汰了，很多人都开了微信公众号，几乎人手一个公号，不是只有我在做公众号，当时大家都在做，都是抱着一种“我们来试一下水”的心态，看看新媒体是怎么玩的。而报社本身也在转型，我所在的部门也有在试水做一些娱乐类的公众号。

其次，为什么会做时尚的内容？主要还是因为兴趣吧。我本身就很喜欢关注时尚方面的内容，我自己也很喜欢买，很喜欢陪别人逛街，很享受看到别人因为我挑选的衣服而变得比较好看的那种感觉。所以准备开号的时候，我首先想到的就是我喜欢做这个，那我就试试看。一开始并没有想得那样清楚，说我就要做一个时尚号，当时其实是想做一个分享号，分享我都买了一些什么，或者最近有什么想买的。我还经常开玩笑说我这个号是“买买买”号——现在也差不多是——主要还是因为兴趣。

三、如何做微信公众号的内容

现在回过头去看我第一篇都觉得不可思议，很多细节到现在都还记得。

我记得发第一篇推送的时候，我是一边打电话给我们管“南都全娱乐”（《南方都市报》娱乐版官方微信公众号）的编辑，一边动手操作的，问他：“我的字要在哪里写呀？我的图片要怎么插入？”他说：“你确定你这篇是要推送的吗？”我说：“我不确定！我试试看！”我第一篇推送就是这样一边打电话一边把文字写上去的。写那篇推送的时候我隔半个小时就给他打一个电话，问一下我要怎么样怎么样。第一篇推送是很仓促地放上去的。

放上去以后我一开始并没有想到有那么多人会看到，就是想着先发给我的朋友看看。我当时有 6 个朋友都在做公众号，有几个大学同学在广东电视台、南方电视台等几家媒体管理官方微信号，都比我有经验。我想着我发出来就只发给他们 6 个人看一下就好了，反正也没有人关注我。推给他们之后，我的一个南方台的朋友说：“挺好的，我觉得特别实用，我来分享一下。”然后就把它转发到朋友圈了。我的 6 个朋友当时应该都转发到了各自的朋友圈，后来我发现我第一篇推送的阅读量有一千多，第一天就有几百粉丝，当时还蛮惊讶的。因为我刚开始做的时候，所有朋友都跟我说你要有心理准备，前面一两个月肯定每天阅读量都是几十的，你要做好这个心理准备，要坚持下去。在做好了这样的心理准备之后，看到这样的数据是比较出乎意料的。

现在总结起来，可能很大一部分原因还是因为我的朋友们。后来，当我的号做得越来越大的时候，有很多人讨论为什么我的号会做起来。我听过一个说法，是我的同事告诉我的，他说他们私下讨论，觉得其中一个很大的原因就是我的朋友圈里有姚晨跟章子怡。我就笑了，我的朋友圈是有姚晨跟章子怡，但是，她们的朋友圈其实人非常少，她们就算帮我转发，这个传播量也是有限的。因为朋友圈跟微博是两回事，它不是那么开放的传播空间。所以我觉得，现在被外界夸大的那种所谓的“明星资源”，它当然会增加我的影响力，但它不是最根本的，最根本的还是内容。

另外一个很重要的原因，我经常会跟我刚开始做公众号的朋友说，你们如果要做公众号就要脸皮厚一点。我以前是那种脸皮很薄的人，很不好意思拜托别人帮忙。但是当我做了微信号以后，我就发现，你只有让朋友转发，它才会传播出去。如果你一开始就自己做，然后默默地等你的读者分享，它的传播就会很慢，朋友圈的转发是非常有效的。

做这个号的前半年我都没有对外说这个号是我的，而且我用了一个笔名，所以人们其实不知道。是我在推送中发了照片之后，才有很多熟人说，原来这个号是你的。他们之前就关注了，但是并不知道那是我做的。

我说过，我的初衷其实是想做分享，我想要分享的就是对我有用、可能对大家也有用的东西，这个想法决定了我在写的时候会想写一些跟大家

合作品牌

Chanel　　LouisVuitton & UNICEF #Make A Promise#　　Tiffany　　Jo Malone

黎贝卡的异想世界

有关系的内容。在我公众号半周年做分享的时候，有个读者跟我说了一句让我印象很深的话，她说："其实我以前都不关注时尚，虽然我也有买时尚杂志，但是我会觉得那些东西是很好看，跟我有什么关系？那些包是很贵，跟我有什么关系？"而我分享的内容是我自己也在用的，因此读者也会觉得比较实用吧。

至于选题，一开始是我喜欢什么就写什么。比如我很喜欢白衬衫我就写白衬衫，我喜欢林青霞我就写林青霞，基本上都是以我的喜好来定题。但当关注的人越来越多了以后，我就会更多地考虑他们想看什么。因为每一天都会有读者在后台跟我说：我想看什么什么，你快点写什么什么。我会根据他们的需求做一些调整。像我以前肯定不会做"大胸妹子怎么穿"，因为我都没有这个需求。但是每一次做穿搭类的专题，后台都会有人来给我留言说："能不能说一下大胸怎么穿，为什么那些模特都是平胸，是不是平胸才能穿时髦？"一开始我觉得我没有发言权，就不想写。但是不断地有人来问，好吧，那我就试试吧！

其实也是因为做了那篇文章之后，我觉得又有了做媒体的感觉。我之前都是把推送当博客写的。然后现在又涉及一些我不是很了解的领域，比如说在做"大胸妹子怎么穿"或者是"男士衬衫怎么选"这种领域的时候，我又会用上以前的一些采编技巧。我会采访一些我身边大胸的朋友，看看她们怎么穿。然后男装，我会去问一些我身边的男性朋友"你们是怎么选衣服的"之类。以前我要采访一个人物，可能我对他（她）也不了解，那我就要有一个了解、准备的过程，现在写推送的时候，我也用上了这一套。

四、如何做好公众号的推广

我觉得在这方面真的没有特别的技巧。自媒体之所以特别吸引人，其实是因为每一个自媒体的背后都是一个有独特个性的人。所以我觉得如果写推送的时候能够把你的个性展示出来就够了，没有特别的技巧。

一开始我写的时候，他们也会说这是个性化的表达，不过其实这个都是我自己瞎总结的。一开始的时候就是把它当博客写，所以文字可能会非常口语化，但是这种口语化，可能在微信的传播中就刚好适合了。比如说我们平时打开一个推送，你在看的时候，如果是一种交流的感觉，会比别人告诉你应该怎么做更舒服一点。传统媒体的笔触可能会非常严谨，或者是有很多的结构安排和布局，所以大家看起来会觉得它离自己比较远。而这种比较个性化、口语化的表达会比较容易让人产生亲近感。

现在做公众号是零门槛，谁都可以开。但不知道你们有没有发现，比较好的公众号，很多都是传统媒体人转型去做的。原因可能有两个：一个是媒体人有丰富的采编经验，他们具备基本的文字功底，清楚一篇文章该怎么安排结构；另外一个，我觉得媒体人比较了解传播的规律，对于大家想要看什么会更敏感，更能把握住一些热点话题。对热点问题的把握，对自媒体来说也很重要，这跟传统媒体是共通的。现在我的号阅读量最高的一篇推送还是李健的那一篇，这篇文章已经有 300 多万的阅读量了。其实这篇文章我是快到零点才发出的，正是它给我带来了第一批大规模的读者，那一次涨了三四万的粉丝。

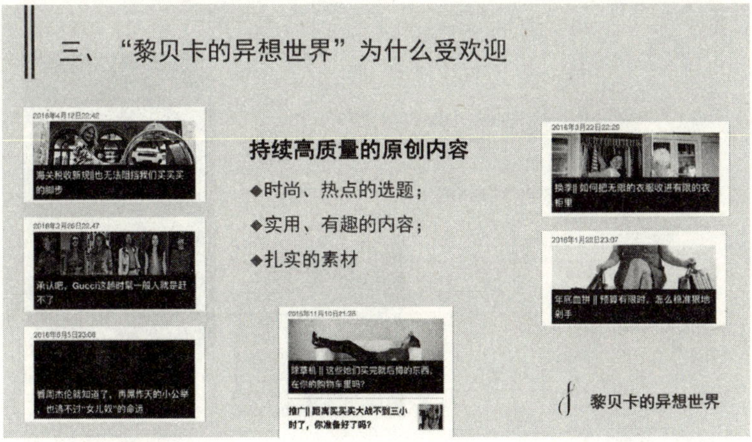

至于排版方面，这个不是我擅长的领域，因为我之前这么多年都是做记者，没有做过编辑。做了微信公众号之后，一开始排版挺丑的，后来慢慢摸索着改进，略好一些。我个人觉得，版式清爽、好看就可以了。而标题还有你的观点，是更重要的，比你把版面做得花里胡哨更有意义。

说到排版花哨，我在看读者留言的时候——所有的读者留言我都会看——每天都有人发他们自己做的号给我，说：你能不能帮我推荐一下？或者你看一下我的号做得怎么样，给我一些意见？我发现他们做的号，尤其是一些学生做的公众号，会有一个很明显的特点，就是他们的版式特别花哨，比如说会有很多的动图、表情之类。我记得有一个人发过一篇文章，可能只有 800 个字，里面有无数个“一个小人身上插着刀全是血”的表情，还有那种“哭天抢地”的表情，等等，我看得眼睛都花了。不知道是不是我太传统，我会觉得这个影响了我的阅读，因为那篇文章写得还可以，也是一个时尚类的点评，但是因为板式太花哨反而干扰了我的阅读。还有很多人喜欢用大红大绿的字，然后把字体加大加粗，用很多感叹号，插入一些很奇怪的图。其实如果你过度注重这种形式，有时候反而会削弱你内容的力量。

五、如何开始做商业推广

我还记得我做的第一个推广应该是卷福（英国男演员本尼迪克特·康伯巴奇）做广告的一款汽车，当时接这个推广纯粹是因为我很喜欢卷福。品牌找过来的时候我一听是卷福，就说：“好好好，我做。”我当时还特别

奖项

- 新浪自媒体大赏“华南地区最受欢迎时尚自媒体”、“年度十佳时尚自媒体”、“最具商业号召力时尚自媒体”；
- 搜狐时尚年度时尚博主；
- 《鲁豫有约》&新榜有料自媒体；
- 《城市画报》·新势力大奖；
- 《新周刊》新锐榜推委会特别大奖

……

黎贝卡的异想世界

简单粗暴地在文章后面直接说："下面我要开始做广告了。"然后就贴了这款车的广告。

其实我也担心读者会有反弹。结果却是那次收到的评论和留言让我非常感动。我的读者对我说："看到你终于接广告了，我都要哭了，有一种看到自己的孩子熬出头的感觉。"我发现他们跟我的感情是很亲的，并不会说因为你接了一个广告我就要取关你。其实我之前听到很多声音，说之前读者跟你好，那是因为你是纯分享，他们只是来看你的分享的，而当你开始有商业进来，他们就会觉得"切，你就是来打广告的"，感觉会很不一样。

但我在这方面的感受很少，基本上没有读者会跟我说你不要做推广或者怎么样。我觉得可能有这几个原因：

首先我是在开了公号很久之后才开始做推广的。其实在我做第三期时，就已经有人来找我做推广了，但是我没有接。因为那个时候我觉得不合适，也不想那么快把这个号变成一个广告平台。后面慢慢地才开始接一些，到现在才比较频繁。因为我的号是分享，比如我用了什么、我买了什么，而每一天都会有读者说为什么后面没有链接，我要去哪里买，你能不能在后面附上购买链接？

我觉得大家对于自媒体做推广的态度是很微妙的。比如说，如果我开的是一个类似"读一首诗再睡觉"这样的公众号，然后突然在底下放一个让你去买护肤品的广告，你会觉得很分裂。但是因为我的号本身就是分享一些消费类的内容，读者来关注我，可能本来就是想知道"我要把钱花在哪""我买什么比较好"。所以在这样的前提下，大家看到广告是不会排斥的。

另外，我自己对接广告也是有标准和门槛的，不是什么牌子找过来都会接的，基本上是要我喜欢、我试过的牌子才会接。如果我没有试过，我也会跟他们说，我先试完以后再决定接不接，有很多其实跟我推荐的内容本来就是吻合的。所以，我做这些推广并没有在骗读者，忽悠大家去买这个买那个，而是因为我真觉得它好才会把它分享给大家。而且我的推广前面都会标明这是"推广"，比如说有一些人只想看我的分享，那我的第一条都是纯分享。如果你还想看一下推广，那就点进来看，不想看就不要看了。

我在写推广文的时候，会根据不同的产品给他们想一些切入的角度。感觉自己有点像写广告文案，但是我觉得这个很有趣。因为以前做新闻的思路跟这个完全是两回事，但是具体说怎么写，我也不知道怎么描述，可能想创意的时间会比较多，然后也会看一下别人都是怎么写推广的。

至于说商业计划，其实从长远来说，我更希望有一天人们可以穿上"黎贝卡牌”的衣服，或者是背一个“黎贝卡牌”的包包，然后跟别人说这个牌子的东西性价比挺高的。如果这个公众号的影响力变大，这是我最希望做的事。

（本文是根据对时尚公众号“黎贝卡的异想世界”主理人方夷敏的采访整理而成。）

媒体新物

媒体新物

曙光初照演兵场：VR新闻现状一瞥

□高敬文

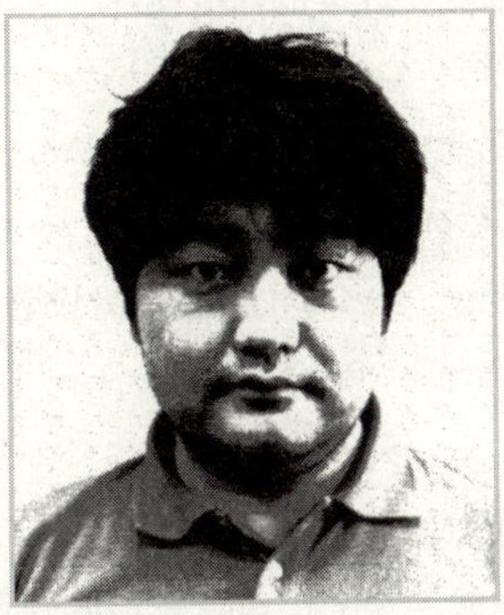

高敬文

“这些日子以来，直人几乎已经能够感到自己融入了查尔斯的灵魂，当他说要关掉直播的时候，直人甚至发出了赞同的呼声，而没有想到自己会被屏蔽在外面，以至于下一秒钟，直人就被抛回了自己的房间里。那时，直人才痛苦地感到，自己永远无法成为查尔斯，只是依附在查尔斯身上的游魂。”

这个片段来自宝树的科幻小说《人人都爱查尔斯》，描述了在未来拥有成熟“感官直播”（通过某种“黑科技”，用第一人称直播主播的所有感受）的社会里，一名观众在直播忽然被切断时的错愕和失落：他已经太过沉迷，发自内心地把自己当作了那位明星主播本人，甚至完全代入了对方的角色在思考。

在这篇小说发表的2014年，Virtual Reality（虚拟现实，以下简称VR）设备厂商Oculus才刚刚被Facebook收购，而知名在线直播平台斗鱼TV也才刚刚开始独立运作，大众对于VR和直播这两个远没有今天火爆的新鲜事物还缺乏直观的体验，却不妨碍他们跟着作者一同畅想未来VR技术完全成熟之后可能的体验：超越“观看”，直接“代入”他人（明星主播）的人生。

而另一个更为狂野的畅想是：设想存在着一个彼此分享身体使用权的秘密组织，其中任何成员都可以随意选择目前“空置”的身体，让自己的意识在其中随意跃迁来体验不同的人生。但是这时发生了意外：一具在西西里的身体发生了车祸而停止了生理机能（肉体死亡）。“附身”其上的意识会有短期的痛苦，随即就自动断开了“连接”，在另一具“空置”的身体中“醒来”；而发生车祸的身体的原本意识则失去了其依存的物理基础，毫无心理准备地随之消失（人格死亡）了，在另一个地方——比如巴黎——留下一具“空置”的身体，并随即被其他人所使用。但是组织之外的人并不会意识到之前在巴黎活动的这个“人”（意识）已经永远不存在了，毕竟他（身体，但其实也并非死者原本的身体）只是晕过去了一会儿啊。这种恐怕在 VR 技术极度发展之后才会产生的人格－大脑（身体）同一性上的错乱案例，出自翟振明教授在 1998 年出版的前瞻性著作《Get real：A Philosophical Adventure In Virtual Reality》（中译名《有无之间》）。

所幸，我们身处的 2016 年，只不过是所谓的“VR 元年”，还远远没有必要为这些未来人类所需面对的社会问题和哲学迷思而头痛。困扰我们的绝非这些在远方地平线上若隐若现的伦理隐忧，正相反，每个人最关心的问题是现在的 VR 体验，已经足够真实吗？称得上沉浸（Immersive）吗？以及，我该为了体验 VR 而付款吗？

如果 VR 成人产业史无前例的增长（相关内容搜索量从 2014 到 2016 年提高了 9900%）或是就连李嘉诚都迷上了在虚拟世界用狂草抄经（想必是用 HTC Vive 设备配合 Google 出品的 Tilt Brush 软件吧）都不够有说服力的话，那就还是让我们看看自己的本行——新闻业对 VR 热潮的积极回应吧。

Nonny团队的知名VR作品《Project Syria》画面截图

沉浸式新闻

Immersive Journalism（沉浸式新闻），这一由 Nonny de la Peña 等学者在 2010 年提出 的概念，开创了 VR 和新闻业结合的先河。由其官方网站的副标题 "News, Non-fiction, Documentary in the 3D virtual space" 就可以看出，这是一种全新的新闻生产形式，其目的是让观众借助于 VR 设备，获得新闻故事中描述的事件或情形的第一人称体验，并且进一步的，提供一种与现场 "互动" 的初步探索。Nonny 团队最为知名的作品有：

《Hunger in Los Angeles》（2012）：探索在洛杉矶地区愈演愈烈的的饥饿问题。这件作品再现了发生在一家食品银行排队时的突发事件：一名男子突然由于癫痫发作而缩成一团。体验者可以自由移动，从各个视角来观察现场，如同身处其中。

《Use of Force》（2014）：重述了一名非法移民在美国与墨西哥边界上被巡逻警察殴打致死的故事。体验者可以在观看这一事件的同时，启动一个虚拟的手机，来模拟在亲临现场时抓拍的感觉。

《Project Syria》（2014）：重现了叙利亚城市阿勒颇遭遇袭击的一个瞬间。体验者会发现自己身处街角，身边还有孩子在唱歌，这时火箭突然来袭，引起爆炸和混乱。

VR 纪录片

相比之下，更为常见的是所谓的 360° 全景视频。Youtube 早在 2015 年 3 月就推出了专门的 360° 全景视频频道，优酷等国内视频平台也都陆续提供了支持。只要拥有任何一台具有陀螺仪的现代手持移动终端——也就是绝大多数智能手机和平板，用户就可以通过手持设备转动身体或是更简单地平移和转动设备，来从各个视角来观赏预先拍摄和处理过的全景视频。更进一步地，还可以将手机装入廉价的 Google Cardboard（有很多国内山寨版本，比如暴风魔镜等）或更为高级的 Samsung Gear VR（只支持特定的三星手机），来获取一下入门版的 VR 体验——视野随着头部的俯仰转动而变，但观察点始终固定在拍摄时的位置。

当视频内容是新闻事件时，就顺理成章地成为简单的 VR 新闻纪录片。此类作品中较为出色的有：

Vice News（现已更名为 Within）的《Millions March NYC 12.13.14》：体验者可以从队伍的中间位置参与 2014 年 12 月的纽约百万人大游行，重温集会抗议警察杀害 Eric Garner 和 Mike Brown 的事件以及随后大陪审团对两起案件作出决议的过程。

Berliner Morgen post 的《exploration of life as a refugee》:“探索”(固定在特定场景的中心，可以上下看和转动)难民营中的生活片段，有多个具体场景可供选择。

VR 直播（融合直播）

随着视频实时缝合技术的进步，在现场通过多台不同角度摄像机所拍摄的视频，不再像以往那样需要通过后期渲染合成再制作成 360° 全景纪录片，而得以准实时生成，并通过网络向拥有 VR 体验设备的用户进行直播。部分方案亦可融合虚拟场景和结合传统的虚拟演播。

VR ＋数据新闻

除了这些以“重返新闻现场”为追求的尝试，VR 在新闻业是否还拥有其他可能性？事实上，让我们扩大对于 Reality 的认知，正视 Virtual 的无限潜力，就不难发现 VR 技术为另一个异军突起的新闻变革方向——数据新闻——提供了更加广阔的天地。

人们戴上头戴式设备感受Nonny团队的知名VR作品《Project Syria》

摆脱了纸媒或电视的限制，数据新闻目前已经在互联网上呈现更具表现力的版本，让原本单调的图表变为用户可以“拖拽重计算”的、可交互的、理论上可以不停更新的在线版本，但值得注意的是，屏幕较之于纸张，并无本质的改进：那依然是一个有着诸多物理局限的平面的一部分，分辨率、清晰度、阅读方向……简而言之，线性的内容组织方式加上二维的数据表现形式大大限制了数据新闻本应达到的高度。那么，加上 VR 呢?

The Wall Street Journal 的《Is the Nasdaq in another bubble?》是第一个有益的探索，此作品将传统的 K 线图转为 3D 形式，体验者可以从任意角度和方向来对其进行观察，甚至可以乘上 K 线过山车，在“亲身”甚至加速体验指数跌宕起伏的同时，重温 1994 年纳斯达克开盘以来美国经济史中的诸多标志性事件。究其本质，也不过是一个正常的 timeline，但是借助于 VR，原本 timeline 的诸多不便都被巧妙规避了：时间跨度太长导致宽度超过一屏所带来的拖拽不便，事件太多难以在 timeline 上美观排版……在 VR 那理论上无限大的空间中都不再成其为问题。

Google 的《Will the UK ‘Brexit’?》，是一份 VR 版本的英国“脱欧公决”互动指南，在一个地球仪上，列出了欧洲每个国家居民对此搜索最多的问题。简单地向下看，转转头，就能看到内容浮现在视线焦点点亮的国家地图上。如制作者所言，这的确只是个“快而取巧”的作品，但它无疑为未来的更多同类作品奠定了基础，指明了方向。

目前，暂时还只看到这两个不成熟的探索，都是通过构建一个“完全和现实不同的虚拟空间”来创作的。

VR 新闻的未来？

不难想象，将上述的几类现有的探索方向结合起来，哪怕只是非常简单的结合，都将明显提升 VR 新闻的质量。例如，在展示特定新闻场景的同时，在视线焦点上浮现出相关的整体数据：一具难民尸体的身侧浮现出数以万计的死亡总人数，并且是实时增加的；南海诸岛实际控制情况的示意图随时间推移变化的同时，可以放大局部细节，动态展示永暑岛变化的实景，让体验者感受到它是如何一步一步变得更加宜居的……

这些可能的进步何时发生，速度会多快? 从技术层面来看，并不存在不可逾越的障碍；而主要取决于成本 / 收益的权衡。

类型	视频相关投入	开发投入	数据投入	综合成本
VR 纪录片	多视角摄像 + 后期缝合			最低
VR / 融合直播	多视角摄像 + 实时缝合	虚拟场景构建及融合		一般
沉浸式新闻	多点多视角摄像 + 摄影	场景重建		较高
VR+ 数据新闻		虚拟场景构建 / 交互设计	整理 / 可视化	一般
未来	以上全部	以上全部	以上全部	最高

表：粗略的成本分析

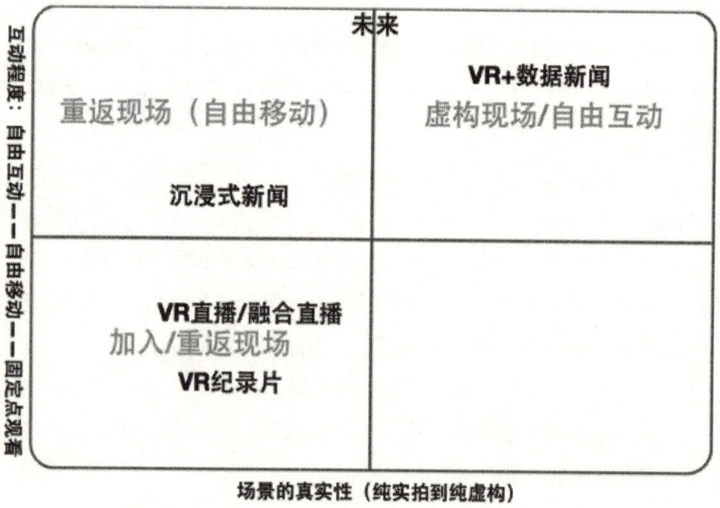

不明朗的前景

不难看出，对于内容创作方而言，

固定观察点的 360° 全景视频制作难度最低，成本也最好控制；

而一旦要引入“运动的自由”（变更观察点），制作成本就会急剧上升；

若再加上“交互的自由”，就需要类似 3D 游戏编程技术的介入，成本继续攀升；

引入数据新闻要素的话，也会增加相应的成本，这部分略大于制作传统的数据新闻。

事实上，现有的 VR 新闻作品各类型的数量是与其制作成本成反比的。而其中制作精良的优秀作品为数寥寥，除了上述提及的作品之外，大多为老牌知名新闻机构出品，且类型多为沉浸式新闻。例如：

The Guardian 的《6×9》(2016)，体验被单独监禁的囚犯的处境；

The New York Times 的《The Displaced》(2015)，体验难民儿童的日常生活；

RYOT VR 的《The Nepal Quake Project》，感受尼泊尔地震后的救援工作；

The Los Angeles Times 的《Discovering Gale Crater》(2015)，在火星表面漫步。

此外，多家主流媒体也刊文严肃讨论 VR 新闻的概念、可行性和前景，纽约时报还声称其 VR 新闻业务为其带来了明显的收入提升。然而，较之于以往的表现形式，受众还远没有为体验 VR 新闻做好准备：廉价的终端基本上只能观看全景视频，无法提供完整的 VR 交互体验；效果差强人意的高级设备则不但售价不菲，还需要高性能（高价）的电脑或游戏机配合，这又是一笔额外支出。这在很大程度制约了 VR 产业（不仅仅是 VR 新闻）的迅速发展。

我们不妨对比之前的风潮：数据新闻、或是更早出现也更普及的所谓融合报道。很明显，它们的运用的确日趋广泛，但依然谈不上业界主流。同样也没有充分的理由认为 VR 新闻会是例外。

更严肃的问题是，VR 或许在别的行业已经或者即将大展拳脚，例如成人产业、房地产业、医学、艺术创作等等领域都已经看到了明确的盈利模式和成功的产品，但面对新闻业整体的颓势，制作成本居高不下的 VR 新闻又能如何、以及在多大程度上力挽狂澜呢？现在还没有人知道答案。

希望

在 20 世纪 50 年代，哥伦比亚广播公司的传奇主持人 Walter Cronkite 就在节目中响亮地喊出了“You Are There”，这种力求让受众能够参与、关注、在乎新闻事实的追求与今日利用 VR 技术，孜孜以求将受众带回新闻现场的努力别无二致。多项研究表明，VR 体验对受众的冲击和其之后行为的影响要远远超出包括观看视频在内的之前的各种方式，而全球布局 VR 产业的企业数量和资金投入也在持续飞速增长。长远来看，或许我们依然应当对VR技术的迅速普及和在新闻业大展拳脚的前景抱以希望和信心。

这种亲身参与一项伟大技术变革诞生和发展的机会，并非每一代人都有幸遇到，所以，别再观望，在自己力所能及的范围内购置一套最好的VR设备，现在就开始体验吧！

（作者系暨南大学新闻与传播学院传播大数据实验室技术负责人）

“游戏 + 新闻”会是 VR 新闻报道的主流形式

□刘晶

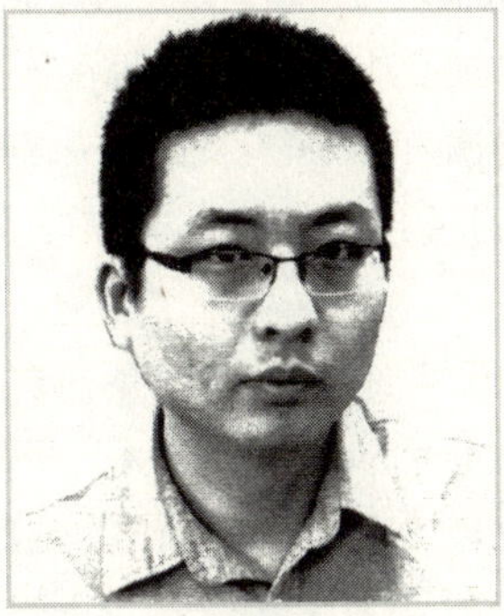

刘晶

VR 今年很火，目前来看，VR 在游戏和影视领域发展势头比较快，但越来越多新闻媒体在探索 VR 在新闻报道中的应用，例如网易推出 VR 故事《不要惊慌，没有辐射》，财新传媒推出 VR 纪录片《山村里的幼儿园》。

通俗来说，VR 是用户利用电子设备沉浸在计算机生成的三维图像世界中，并与虚拟世界中的物体进行交互。初级的 VR 呈现的是一个“视频”，高级的 VR 呈现的是一个“世界”——可以在场景中自由走动。这种隔离式体验会为用户带来很强的沉浸感和临场感。未来 VR 技术呈现的虚拟世界应该是可探索、可交互的，而不仅仅是可以“观看”的。

第一视角的新闻

VR 技术的不断发展为媒体提供了一种新的报道形式。

与传统的视觉报道不同，VR 是一个全新的系统性的报道方式。传统的视觉报道在视角上相对客观，观众通过屏幕间接进入某个场景，摄像机大多数在环境中处于一个观察者的位置。观众所看到的即是采访者的视角。但 VR 中，观众处于完全封闭的头戴式设备内，其视角可以完全自我选择，而不是根据采访者的个人指定，这种封闭感和可选性会让观众代入所看到的场景中。

理想的 VR 内容作品，要能够实现“全景、3D、交互”三个特点；而目前大家所看到的 VR 报道大多数还停留在 360° 全景视频这个层面，没有实现用户自主探索、场景内交互等功能。但这相对于传统视频，已经将报道的边界延展了很大。

VR 真正让沉浸式新闻体验成为可能，用户再也不只是一个旁观者，他可以成为新闻中的主角，去体验新闻场景以及新闻故事里的任何细节。这要求报道必须提高虚拟现实的互动效果，比如说在场景中行走，但这看似最简单的一点，目前媒体范围内还没有完美的解决方案。更进一步的要求，用户在场景内的交互、虚拟和实景的融合，目前也欠缺优秀的新闻报道案例来体现。

从现有的 VR 新闻报道状况可以看出，我们的探索刚刚起步。首先，全景阶段离可以实现高自由度交互的虚拟现实技术还相距甚远；其次，在理念上，我们还需要去挖掘这种“第一人称”新闻更丰富的内涵。

不过值得庆幸的是，现在的 VR 新闻报道是可以站在 VR 游戏领域的肩膀之上进行发展的。目前,VR 游戏已经在探索的广度和深度上走在了前面。从硬件设备来说，也有更大的空间给开发者进行不同的尝试。换句话说，我们需要游戏化本身来降低新闻阅读的门槛，更需要游戏的技术和交互经验来支撑 VR 新闻整体结构的革新。

所以，展望未来，游戏 + 新闻会成为 VR 新闻报道的主流形式。

网易的探索

作为一家传媒机构，网易在内容层面有着自己的优势。在形式的探索上，网易又有独到的思路和长期经验。那么寻找新的 VR 语言——也即符合 VR 自身特点和逻辑的报道，无论当前还是未来，都是我们工作的重点。

2016 年初，网易新闻就尝试用 VR 进行春运报道和两会报道。切尔诺贝利核泄漏 30 周年时，网易又接连尝试了“真实场景 + 虚拟人物”“故事内交互叙事”“用户可选择结局”等多种方式来完善与丰富 VR 元素。在这个重大的国际事件报道中，网易新闻组建了一支采访团队直赴现场——发生爆炸的切尔诺贝利核电站 4 号反应堆以及普里皮亚季小城，用无人机、VR、Go pro 等设备全方位记录下当年事故留下的遗物。为了配合核心的 VR 报道，整个事件的采访深度和规模都是网易原生中心投入最大的。

在探索上，我们做了许多新的尝试。首先是在拍摄的视角上采用第一人称，是因为 VR 眼镜能够让用户与周围环境隔离，营造出不同于传统新闻的报道气氛。网易 VR 报道中，用户就是主角瓦西里，所见所闻均为“自己”的回忆。区别于普通新闻报道中的第三视角或上帝视角，以第一人称视角叙事会增强用户的临场感。

在叙事上，网易将时间设定在 30 年前。考虑到很多用户对切尔诺贝利核事故本身并不足够了解，策划借助主人公瓦西里和他的家人、朋友、同事之口，向读者讲述必要的背景信息，帮助读者理解主题。这些细节都是基于真实的案例改编，比如死亡之桥上围观爆炸的人后来都死了、军官向民众隐瞒实情等等，又比如很多人在撤离的时候留了纸条，请再到这儿的人不要伤害自己家里的动物……这些细节让故事更加丰富，也增强了现场感和真实感。

选择切尔诺贝利禁区作为 VR 素材，是因为切尔诺贝利有着丰富的视觉元素，很多国家的摄影师都热衷于到此拍摄。在这里采集素材，一方面是故事的内容本身具有感染力，其次是这种环境下戴上设备体验，现场感会很强。

我们把这些拍回来的素材进行了筛选，选出了 7 个场景，但场景与场景之间并不是随意排列的，而是配合故事情节依次串联起来的。比如一开始在“死亡之桥”围观爆炸，后来在医院听到军官和医生的争执，在学校的场景里安排了撤离的情节。

我们在后期还使用了一些特效。当用户走到广场上去的时候，能够看

6月28日，网易宣布联合清华大学、AMD等成立VR实验室VR Dream Lab

到核辐射的尘埃落在大家身上的一种比较震撼的效果，这是非常感同身受的效果。

我们让场景有逻辑地呈现出来，是因为 VR 故事不应该只停留在视觉奇观的猎奇上，它可以也应该承担更多需求，即对核事故的发生和成因有更深层次的剖析。

谈到技术层面，这次拍摄所用的器材是 INSTA 360。考虑到在封锁区内的拍摄时间有限，需要当场查看拍摄效果，相较于其他拍摄设备，INSTA 360 便携、操作难度低、可及时回传拍摄画面，所以选用。运动拍摄一直是 VR 拍摄的难题，我们此次也利用现有器材进行了尝试。

除了拍摄 VR 视频，网易还对视频进行了一定的处理，加入了光影。加特效主要是因为故事设定需要有人的出现，而人又是记忆中的人，所以处理成了这种只有轮廓、模模糊糊的感觉。第二个是因为如果只是切尔诺贝利的场景，画面有些单调，也缺乏视觉中心点。值得一提的是，这一思路也是来自一款游戏——《万众狂欢》，所以说未来新闻的游戏要素是无处不在的。

在现场拍摄的具体的操作上，我们也遇到了一些实际问题和注意要素。

首先是拍摄时选择的具体场景。由于 VR 视频大部分是静态场景，所以给观众提供足够的可探索空间和细节至关重要。如果想要呈现出一个完整且典型的场景，则需要寻找最合适的拍摄地点及拍摄角度。

其次是光线。在拍摄中，采访团队会等待最适合的时机以抓住最完美的视觉奇观。例如在“死亡之桥”的场景中，团队等待到下午七时的落日时分进行拍摄，这是为了和事故当时的气氛相适应。同时，因为 360° 拍摄的缘故，防止整体过曝也成为必须考虑的因素。

另一些棘手的问题是严苛的拍摄环境。

在我们的新闻拍摄中，特别是在户外条件下，难以得到一个稳定舒适的拍摄环境。在切尔诺贝利禁区里，由于网易新闻团队要进行航拍、VR、图片和第一人称视角的运动拍摄，加之能在拍摄区域内能停留的安全时间较短，故而拍摄时间非常紧缺。所有素材的拍摄必须一次性就做到位。

另外，因为现场条件有限，移动控制设备和采集机器之间的连接极不稳定。而且低温和高强度的工作也考验设备的耐受力。

最后值得一提的是，VR 拍摄需要一个浸入式的体验环境。拍摄时的设备和人员出镜则会给体验造成困扰。在拍摄时，三脚架的影子，人身体的晃动都很容易导致这些情况出现。所以，在现场的阴影区域内架设三脚架，以及把脚架升高都是不错的解决方案。而后期遮标的设计也需要十分讲究，不能带来“出戏”的感觉。

说到这里，事实上网易新闻一直在做的就是突破传统的报道框架，以及为后续的多元探索积累经验。

VR 这种新的形式，就是最好的突破口，它的出现能帮助我们重新定义报道的边界。“读者”这两个字的内涵在发生改变，“扮演”（强调）或者说模拟这一概念可能会成为未来新闻体验的一部分，交流将主导用户体验新闻的全过程。这样的改变会带来一个什么远景呢？VR 会让新闻更有可能去优化用户体验的部分，用户看新闻，是一种私人订制的体验。这有利于传媒业达到更精确更有效地传递信息的目的。

（作者系网易传媒副总编辑）

VR Dream Lab 在寻找新的 VR 语言
——访网易传媒副总编辑刘晶

问：信息媒介的演进经历文字、语音到视频，其信息量和体验不断提升。如果说 VR 与新闻的结合是未来，那么 VR 报道（沉浸式新闻）与前面三者相比，具体包括哪些方面的升级？

答：首先，VR 本身是一项显示技术。如果说，2G 解决了移动互联网时代的文字传播，3G 时代大家对图片信息的消费越来越普遍，那么，4G 大家开始消费视频。而 VR 会是下一个视频之一。这也意味着媒介信息容量的几何倍数增长。

其次，是用户身份的变化。从观望者到现场目击者；从静态到动态；从视觉到听觉，再到触觉……这意味着用户感官体验的不断升级。

虚拟世界是现实世界的投射，用户的位置和视角也会随着新闻报道的进展，有相应变化；用户可以完全按照自己的意愿和路径来经历事件，所以这能够给使用者带来更强的第一视角沉浸感。

问：VR 报道适合哪几类内容？从机构采编到受众获取的所有环节，与传统新闻报道有哪些不同？

答：在当前新闻报道行业，VR 是一个显而易见的热点，但媒体还普遍受制于 VR 内容生产方向的难以把控，寻找技术和内容契合点将是媒体

6月28日，网易宣布联合清华大学、AMD等成立VR实验室VR Dream Lab

VR 报道首先要攻克的难题。当然不是什么性质的报道都适合用 VR，VR 是内容呈现形式上的创新，只有与合适的需求结合才有意义。至于如何来把握这个度，我们在不断地尝试，去试错、突破。

今年网易新闻通过 VR 在新闻报道中有四个比较典型的案例：春运百态图鉴、两会 VR 报道：大会堂漫游指南、切尔诺贝利 VR 故事、网易航空—国航 VR 项目。最初是通过一些静态的、全景的图片来报道，最后走到了具有感知性、沉浸式的 VR 视觉的报道阶段。

在未来，VR 技术会打破很多的边界，比如，VR 新闻未来还可以借鉴游戏行业的交互经验，实现游戏化 +VR 新闻报道的结合。

问：综合来看，VR 现在虽然很火，但是硬件技术方面并未成熟，有许多问题没有解决，从网易作为内容的生产方的角度看，VR 报道需要满足什么条件，在什么时间能够成熟应用？

答：今年网易新闻做了比较多的报道尝试，也有一些商业化的探索，我们深切体会到 VR 技术对媒体非常大的助力。技术和设备，是 VR 报道首先要解决的条件。

第一，VR 内容生产成本还是相对比较高的。对于传统的高质量内容的生产者来说，VR 的生产工具使用以及技术处理成本相对还比较高，这在一定程度上也制约了他们做出更高质量的内容。

第二，VR 本身是一个显示技术，目前主要还是观看体验的创新和主流观看设备的普及，这一点还很不够。

现在我们所制作的 VR 新闻，大多数还只能在简易的头戴设备上观看，甚至只能通过

网易首个VR故事《不要惊慌，没有辐射！》

手机屏幕看全景版本。如果仅仅以全景的方式来做，是可以提高用户的参与度，但在表达手段和用户的感知度上还是比较乏力的。

也因为头戴式显示设备的普及情况并不理想，所以 VR 的普及还要等比较长的时间，我们还没有太好的办法去大幅度提升用户的体验。比如，在交互上，我们还无法确定完全做到用户走到我们的新闻场景里，因为在手机上是没法儿做到的，这也就和我们想追求的第一人称的新闻报道体验还有蛮大的差距。

第三，由科技造成的用户行为习惯的根本变化，不会那么快。用户从习惯使用智能手机到使用 VR 设备，还要经过很长的时间。我想，可能还需要 2—3 年的时间，VR 的应用才能迎来一个大众普及的阶段。

问：相比社交媒体，现在新闻媒体平台的内容优势在于客观和深度，以及长期积累的品牌美誉度和权威性，例如网易新闻的“有态度”。VR 报道对于网易的品牌、文化，或者说网易新闻的使命，有怎样的意义？

答：长期以来，网易不但拥有最为快速、全面、准确的资讯平台，同时秉持“有态度”的原则和理想，凭借独特的视角和观点赢得用户口碑。从 PC 时代到移动互联网，网易始终在探索用最先进的报道手段来展示新闻内容，传递给用户快速、全面、准确的信息。

VR 的中文名称是虚拟现实，网易希望通过将 VR 技术应用到报道中，让用户无限靠近现实和真相，激发每一个人的思考，并以此来引领时代精神。

问：在网易新闻的产品布局中，VR 报道的定位是什么？未来期望达成怎样的目标？

答：网易新闻在 VR 这个产业链上的自我定位是内容生产者和技术应用者。没有 VR 技术的进步，VR 内容生产也就无从谈起。

VR 报道在网易新闻未来的产品布局中肯定是一个重要的方向，体现着网易新闻的积淀和创新突破能力，但因为 VR 技术、硬件设备等的不成熟，以及适合 VR 报道的内容选题存在一定的局限性，所以 VR 新闻不会是我们未来唯一方向。

问：网易在今年 6 月的未来科技峰会上宣布成立 VR 实验室，这个实验室的构成情况是怎样的？

答：6 月在网易未来科技峰会上，网易传媒联合网易游戏、AMD、清华大学和网易杭州研究院，发起成立了旨在探讨 VR 技术如何在媒体传播和媒体内容制作上发挥作用的实验室 VR Dream Lab。这是国内新闻媒体平台发起的最有技术前瞻性以及合作精神的开放平台。

VR Dream Lab 将承担连接平台和 VR 内容孵化两个方面的功能。首先将作为连接平台，把 AMD、清华大学等在 VR 专业领域处于领先位置的研发机构汇聚在一个平台上，推动 VR 资源和技术的全网共享与用户普及，为 VR 从业者提供一站式的交流和对接的机会，连接全 VR 产业链。

另外，在孵化 VR 内容上，网易将与 AMD 合作共建 VR 体验馆，参与策划、创作和推广 VR 内容作品。VR Dream Lab 将向 VR 领域的所有机构开放，协作推动 VR 在中国的发展。

VR 实验室成立后，寻找新的 VR 语言——即符合 VR 自身特点和逻辑的报道，将是网易未来工作的重点之一。网易新闻希望通过 VR 技术突破原有的报道框架，做内容报道的优化和升级，做行业的探索者。

VR 行业将“始于视频，终于游戏”

——爱奇艺的 VR 战略

爱奇艺高级副总裁段有桥

在今年 5 月的“爱奇艺世界 -iVR+ 全球虚拟现实大会”上，爱奇艺正式发布 iVR+ 虚拟现实产品套件，启动 VR 生态激励计划：率先在 10 个高热 IP 上全面实现 VR 化，开放 100 个顶级 IP 进行游戏合作开发，联合 300 家合作伙伴共同打造全球最大中文 VR 真生态，未来 12 个月内协助国内外 VR 硬件厂商共同发展 1000 万 VR 用户。为此，记者专门采访了爱奇艺高级副总裁段有桥，请他详细介绍爱奇艺的 VR 战略。

问：爱奇艺最早决定要做 VR 是从什么时候开始？

爱奇艺高级副总裁段有桥（以下简称段）：2015 年的 7 月 26 日，我们搞了一个小型的行业内的发布会，当时来了 300 多人，有 30 多个 CEO，与会者大部分是创业公司的。

问：在 7 月份之前，是不是内部就已经开始布局了？我是想问爱奇艺内部是从什么时候开始、因为什么样的契机决定做这件事？

段：应该是 2014 年底 2015 年初，但是怎么做、怎么弄，当时我没想太清楚，也没有固定的团队，实际就在我们创新的部门在做，这个部门实际是分化出来的，但是还没有专门的团队，这个还是在我们的互联网电视的团队里面。

问： 2014 年底，那是很早了，基本上资本市场和这些创业市场还没有这个概念。

段：正好相反，VR 这个事情分两个阶段。

第一个阶段是资本、媒体和创业公司在玩，大概到 2015 年底 2016 年初。什么意思？大公司都没来呢，大家觉得这事是未来，但没有专门的部门、专门的产品。

创业公司来了，因为 VR 这个产品有一个特征，它需要新的硬件，它不像移动互联网，在上面做应用就行。它有新的硬件，它还要有新的拍摄系统，它拍的东西也不一样了。所以就出现了很多创业公司，从资本市场拿了很多钱，媒体比较看好，认为这个事情有前景。所以整个 2015 年，中国的 VR 市场主要是这三波势力在往前推动。

今年不太一样了，大公司都来了，给创业公司的机会不太多了。进入了第二个阶段——VR2.0 时代，也就是巨投驱动的时代。比如小米、华为来了，可能大多数做小头盔这种创新公司都活不下去，但是这里面一定会有茁壮成长，长成参天大树的。这种创新型的公司跟大公司之间会有一个往前的协同发展，但大多数创新公司会死掉。

问：*VR 这个市场发展到现在，这一两年的发展速度，您觉得是不是比以往智能硬件那一波或者是手机那一波都要快很多？*

段：当然快，这速度完全不是一样的，这个行业的推动力主要有两点。

第一，它特别热。它是互联网、视频、游戏和智能硬件四个领域里面最热的，四个最热的叠加在一起，它就是我们现在整个互联网领域最热的行业。以前我们做任何的行业没发生过这个事情。

2016爱奇艺世界大会

第二，资本的疯狂布局和推动，造成这个行业非常繁荣。以前可能正常发展一年能完成的目标，现在可能两个月就完成了，因为我有足够的钱、人来弥补时间，拿空间换时间，这是非常明显的。

所以 VR 这个行业实际还有很多东西没有被克服，但是整个行业发展确实很快，无论是技术、产品、运营、内容模式，都很快。

问：大家看好 VR 是未来的方向，实际还是指它对娱乐方式，对于 C 端人生活的颠覆，可以这样理解。但是我觉得跟这个行业发展速度很快的情况有反差的是，现在大部分 C 端用户还无法体验到很好的 VR，您觉得是不是这一点跟不上？

段：它有很多事实，这行业就是这样的，你也可以当段子来写也行，你想要什么。这个行业在目前的阶段，大的方向有了，但是里面具体怎么去做，大家的思考是不一样的，处于百家争鸣的时代，各种观点、各种目标、各种模式都有。

问：您是不是觉得这个行业还处于一个特别初级的阶段，很多标准都没有定，方向也不是很清晰，但是大家现在都做这件事情，在一个比较靠前的位置上做这个事情，这是没错的？

段：有点像 2007 年到 2010 年的移动互联网，但是 VR 这个行业会有几个不太一样的，这是我个人的判断，无所谓对错，大家一起讨论。

第一，这个行业未来的规模会比现在大家预想的大。现在大家预想到的是 VR 可以玩游戏了，可以看视频了，头盔越来越便宜，我运营一个东西可以赚钱了，这是没错的，但是这只是我们现在看到的。这个行业未来

爱奇艺5月5日宣布推出iVR+虚拟现实产品套件，正式启动了VR生态激励计划

一定会发明一些新的内容，发明一些新的模式，发明一些新的应用，因此我们认为这个行业规模未来会有500亿、5000亿。

第二，成功的时间会比现在预期更晚。这个比较契合你刚才说的观点。VR这事，大家觉得今天拍点内容，明天弄点头盔，后天就成功了，瞎扯。这个行业的成功时间应该会比较晚，为什么？这个行业全是新的，移动互联网不是新的，很多应用不是新的，视频你敢说是新的吗？在PC上就有。而VR，它连拍摄过程都变了，拍VR得弄一个全景的东西拍。至于传输，那么大的码率，一般的设备传不了。这都需要大量的、整个产业链上的改变。这是我跟很多人不太一样的观点。

问：*爱奇艺从一开始的布局到现在的策略有改变吗？对于VR这个产业？是随时调整吗？*

段：我们希望随时调整，因为互联网公司就是要试错，是快速迭代的公司。但是说穿了，去年7月26日爱奇艺发布了几条在VR行业的发展策略，到现在一条都没变，这个行业还没到那个日新月异的程度。

问：*爱奇艺投入VR的人力有多少？*

段：并不多。是这样的，爱奇艺为什么做VR？我们对VR这个行业有一个基本判断："始于视频，终于游戏"，这跟很多人的判断是不一样的。这个行业在中国的普及和发展，它前期的推动得靠视频，因为视频是一个所有人都会用的东西，它是一个基本的东西。游戏不是，比如我就不怎么玩游戏，不是每个人都会玩那些大型的游戏。VR行业为什么叫"终于游戏"，等到了终点的时候，这个行业成熟了，游戏是IP比较高的东西，它变现比较快，赚钱比较容易，这是我们对这个行业基本的判断。基于这一点，爱奇艺在视频行业领导的地位和江湖老大的地位，造成我们不可能不作为。所以VR对我们来讲是一个基础的业务。

另外，我们抓了一个东西，尤其去年比较成功的是影游联动，比如《花千骨》电视剧和游戏联动，造成这个游戏远远超出我们预期的成功，最多

爱奇艺iVR+产品套件影视内容页面

的，一天收入1000多万人民币。前两天我说5个亿，7个亿，他说你瞎扯，吹牛都不会吹，比这还多。这个游戏给我们带来非常大的成功。

包括我们去年7月份定的策略也一样，我们现在专注于视频，我们想不想干都得干，因为我们就是一个所有视频的综合性平台。游戏这块，理论上讲，我们跟专业的游戏公司比是有劣势的。所以我们做游戏是走差异化的路，怎么解决一个视频跟游戏之间的联动关系，跟漫画、跟动漫之间的联动关系，跟文学之间的联动关系，我们是要解决这个问题。靠着这个大势顺势而为，我们觉得能成。

问：实际做VR也是，咱们的核心也不是在VR的技术上，而是在IP上进行衍生？

段：我们做VR，核心还是技术和产品，爱奇艺把自己称作一个有媒体基因的技术公司，我们的技术，包括拍、转码、拼接、传输等等，在所有的端里面去播放，这一套整个的技术平台跟体系是爱奇艺的竞争力之一。

但不是所有的内容都适合VR的，就像不是所有的内容都适合手机一样，有的内容适合在电视上看，有的内容适合在办公室看，有的内容适合在地铁上，这不太一样。VR是一个载众的市场，VR这个市场的规模永远不会有普通的视频那么大，未来也一样。VR，你至少需要戴一个设备去看这个东西，未来的视频在我们眼里看是三个屏，移动屏、电视屏、VR屏。移动屏解决什么问题？所有人都会有，人均移动的手机还不是一个，是1点几个，他在所有场合上都能看。电视用户就会比手机少很多，比如中国现在号称存量的电视机一共有4亿台，4亿个家庭都有电视机，你必须得在一个固定的场合，比如在办公室，在家里才能看，你走到大街上，你想看电视也看不了，所以它的场景就限制了它的用户规模比手机小。VR也一样，VR会更小，不是每个人都会看VR的。就像刚才我讲的，中国有多少亿的视频用户，游戏的用户一定比它少，但是每个人身上的价值更大了，单价更高了，比如一个手机的用户可能未来给视频公司带来的价值，我随便假设，比如1块钱，那么一个电视用户可能带来5块钱，虽然它规模小，但是每个用户的价值高，一个VR用户可能带来50块钱。所以VR这个行业用户数不会像大家想象的每个人都戴VR，这是不可能的，但是它每个用户的价值会高。

问：您刚才说VR这个产业是“始于视频”，意思是不是说视频行业会最先出现一个VR的爆款？

段：别的行业，有一个爆款，这个行业能火起来，但是VR这行业，说实话，现在离爆款内容出现还有很大的距离，产品体验还不好呢，但是已经挺火了，这行业太火了。VR 行业有大量的资本和媒体在推动，没有爆款都整成这么火了，有爆款就更火了。

问：目前的大众体验如何?

段：现在 VR 的内容，VR 的游戏，人们体验完都还是晕。比如上个星期我们看了一款 VR 游戏，是拿着枪往前走，大概走了几分钟，我看完了，到晚上 7 点钟的时候还晕呢。它有很多问题还没解决，技术、产品、内容、运营模式的，还有用户的获取便利性和成本，各种各样的问题。

问：您是更看好未来一体机似的 VR，还是现在这种移动 VR？移动 VR 市场，您觉得未来会越做越好？还是它只是一个过渡性的产品?

段：我先跟你说这个行业的观点。这个行业大多数人的观点就觉得移动的 VR 就是一个过渡，是一个入门，是教育大家的这么一个产品，最终是一体机的市场。我个人不是这样看，我觉得这两个产品未来都有生存的空间，为什么这么说？我们至少现在证明不了 5 到 10 年之内手机这个产品会死掉，不会的，一定会有手机，而且大屏手机是一定的。

这么去看，只要手机这个产品不死掉，而且是大屏的，它一定会变得清晰度越来越高、性能越来越强、越来越轻。在这种状态下，跟手机伴随的 VR 一定会有市场，比如看个视频或者玩个小游戏，不需要太高端的产品。

当然我也看好一体机，因为一体机是一个独立的设备，它轻、便捷、体验好。

我觉得这两款产品都有前景，现在实际是三款产品，还有一个就是单独的游戏机，这是专门给发烧友用的。这就像我们的耳机一样，有最便宜的耳机，你随手就买一个，解决听到和听不到的需要。另外还有几百块钱耳机，你听音乐的时候，它这个耳机效果比较好，确实能听出来高低音、重音之类的，有多少声道，这地位就相当于是移动的 VR。还有 3 万块钱

爱奇艺全景影院场景

一个的耳机，它的地位就相当于 VR 一体机，这部分用户很少，但是一定会有人因为某个游戏买 VR 游戏机。

问：2016 年和 2017 年，爱奇艺在 VR 方面落实到产品上有哪些大动作？在开放一些 IP，做影视剧，是这样吗？

段：我刚才话说到了一半，你问我爱奇艺有多少人，我说人不多，但爱奇艺在这块投入很大，我们投入的还比较早。至于说人不多，VR 这件事对爱奇艺来说是一个基础业务，不是一个独立的增值业务。什么意思？爱奇艺未来拍视频，它就会移动版的、电视版和 VR 版的各做一个，这是基础业务。对于基础业务，我现在有一个 VR 团队，这是我负责的，但是还有大量的人在爱奇艺的母体里面，比如爱奇艺的直播拍摄团队，增加了 VR 拍摄的设备，由他们去拍。然后传输也一样，爱奇艺该有的 CPN、P2P，该有什么有什么，就用它的东西。

什么样的东西需要专门一个团队做呢？比如爱奇艺要专门做 3 个 App，以前是没有的，以前在我们体系里是没有的，需要专门去做。第一个是我们跟一体机配的一个独立的 App，叫 SUVR，一体机来了，装进去，每个都是要适配的。第二个 App 是什么？在爱奇艺的手机客户端里面，它有一个 VR 模式，这个跟爱奇艺的 VR 是连在一起的，你这手机发过去，有一个 VR 模式，不用再装 App 了，所有的 VR 内容、游戏在那可以直接进去，那儿有入口，这个已经上线，可以去用。还有一个移动游戏的 App，不管装到手机里面，还是装到一体机里面，我们有影游联动的游戏。

至于 VR 布局，第一，爱奇艺主流的 IP，大的内容今年会全拍 VR，不用专门拍 VR，它拍的时候自动有 VR 版本，这个 VR 有不同的形式。有时候一个 12 集的网剧，我可能专门拍一集 VR 的，变成 12+1，13 集。有的网剧可能我每一集拍三分之一的 VR 内容。针对不同的内容，我们会做不同

爱奇艺全景影院场景

内容的创作方式。但是爱奇艺大的内容基本都会 VR 化。

第二就是在游戏上面。因为游戏跟视频这个行业不一样，视频这个行业很成熟了，VR 游戏都是刚开始的。VR 游戏这块，我们是有大量 IP 的，但是我们自己没有大量游戏制作的团队。而外面有大量的游戏制作的团队，规模不打，但制作游戏的能力很强，效率也很高，但他们没有 IP。因此我们今年会放 100 个 IP 来跟这些厂家合作，这个已经在干了，我们现在正在做这类合作，应该在今年年底产品就能上线。

我们会有大量的合作伙伴，大家互补。我有 IP，还有推广平台。而小的创作公司正好缺这两件事情，第一没有 IP，第二做完游戏，他没有渠道推广，没有人玩，他也赚不到钱。所以我们提供这两件事情跟他合作。

第三是跟硬件公司合作，迅速扩张用户。我们的目标是在未来一年内发展 1000 万的用户，这主要是手机端的用户。用户的扩张，我觉得有两个拐点：第一个拐点，手机端这个产品过 1000 万；第二个拐点是移动一体机过 100 万。这是我个人拍脑袋想的。

问：您刚才所说的那些，爱奇艺基于它自己在视频行业的地位和它专注于视频制作的定位，其实它做 VR 是一种必然，而不是一种选择？

段：你说的特别对，VR 对于爱奇艺来讲，它是一个基础业务，它不是一个增值业务，不用决定做不做 VR，你一定得做。就像一个视频公司，你说你不做移动视频，可能吗？不可能，你一定得做。我们只讨论怎么做，我们没有讨论过做不做，这是一个基本的东西。

问：爱奇艺在 2016 年、2017 年会不会在 VR 直播方面花一些投入？

段：会。不仅我们会，大家都会。VR 直播，尤其演唱会这类的，还有运动类的，都会干这种事。

问：您个人也很看好 VR 直播这件事？

段：还行。我没有像大家那么看好。在这件事情上，我要冷静一些。我没有觉得 VR 直播那么有价值。它的确有价值，价值也很大，但是没有大家想象的那么大。为什么？大量直播现场的内容不适合用 VR 拍摄。

问：就像网球比赛，没有这个需求？

段：对。比如百度世界大会，玩一玩新鲜的可以，以前大家都是平面拍摄，我们有这么一个全景的拍摄。但是时间过去了以后，这东西一般。

问：大家没有这个需求非得去看 VR？

段：我需要吗？我看什么 VR，而且戴上（VR 头戴式设备）这东西也不舒服，我在电视屏上或者在地铁里拿手机屏看足够了，因为这些东西不具备欣赏的价值，就是沉浸感的价值，我不需要，我只想知道发生了什么事，这样的东西未必需要 VR 来拍摄。但是现在 VR 比较火，我有 VR 拍摄，就感觉挺了不起的。实际用户有没有还不知道。所以 VR 未来的内容发展，我们不能把所有的内容 VR 化，这事没前途，所有的视频都拍成 VR，这没前途。应该拍 VR 内容，什么叫 VR 内容？适合用 VR 展现的内容，应该拍这个东西，才有前途。所以 VR 直播这件事情有价值，有很大的价值，但是没有像现在大家想的那么大，所有的都 VR 直播。

问：VR 直播涉及到它流量成本的问题。

段：那没事，你不用担心成本。只要这个东西有价值了，成本一定有人埋单。另外，有大量人使用的时候，会产生规模效应，让成本降下来。对于互联网公司来讲，中国互联网公司能发展到今天，在全世界排第二，核心就是规模效应，我们因为规模，降低成本了。

问：从 2016 年开始是巨投驱动，往后 2017 年基本上巨投可能会慢慢把事情做起来？

段：任何一个新技术的行业都会这样，它分两大阶段：第一阶段是商家来推动。所有新的产业都会是厂家推动，技术、产品，甚至是内容，新的东西去推动，让用户逐渐熟悉，这是第一个阶段。

第二阶段是用户驱动。用户知道这东西了，用户会喊，你给我拍一个动画片，你给我做一个花千骨的游戏，一定会有这个阶段。

这第一阶段还分两个阶段，前面部分就是创新公司在推动，这一阶段，新的东西好玩、快。后面一定是巨投推动，现在处于第一个大的阶段，从创业公司推动到巨投推动的转型期，我觉得 2016 年就是一个转型期，非常明显。

问：您觉得到用户推动的阶段，还要有多少年？

段：不知道。

问：现在很多资本，包括硅谷投资人都觉得 VR 未来一定是像手机一样，对人们的生活是颠覆性的，是一个特别巨大的影响，翻天覆地的，您怎么看？

段：一定是。就像在 1955 年之前，所有人都想象不到未来每个家庭客厅里会有一个电视机。VR 这件事情对人类娱乐的改变是颠覆性的，一定会是非常大的改变。

虚拟现实怎样击破“真实的谎言”

□支庭荣 乔斐

支庭荣

平庸的生活每每让人面面相觑，一日千里的传播技术却始终让人刮目相看。1989年，科幻电影《回到未来Ⅱ》大胆预测20多年后的场景，其中3D电影、视频电话、智能眼镜和指纹支付已一一成真。而今，虚拟现实技术的出现，又将《黑客帝国》中的“母体世界”Matrix着实演绎了一回。技术以一种“没有做不到，只有想不到”的先锋姿态引领世人步入了一个写满神话的时代。这个时代鼓励创新，崇尚挑战，追逐个性。不过，在创新与因循之间，在惊奇与寻常之间，在鲜花与荆棘之间，往往体现为此起彼伏的流动过程，在喝彩的同时亦需要警醒。作为媒介融合的产物，虚拟现实有助于创新新闻叙事模式。花样越玩越多，干货千万不要越来越少。

虚拟现实的虚拟本质

“虚拟现实（Virtual Reality）”一词最早出自戏剧界，据说与1958年法国戏剧家翁托南·阿铎在其《剧场及其复象》一书中第一次使用有关。作为表现的艺术，戏剧的本质其实即是虚拟的现实。后来的电影院、摄影棚、游戏机，多多少多都能够为人们提供粗略的、模糊的、经艺术加工的现实镜像，成为今天的为单个用户提供来自视觉、听觉甚至嗅觉、触觉的信号等各种技术的先驱。虚拟和现实，越来越难以分离。

当下人们已经能够更加直观地、身临其境地通过虚拟现实设备体验那些未曾亲历的炮火。技术设备由简陋到精致的过渡，用“垒土”筑成了“九层之台”，令人陡生出风动、幡动还是心动之惑，恍如《黑客帝国》中在Matrix居住着的灵魂，并不易分清眼前的美人和救世主，背后的先知，以及隐身的机器大帝。世界是如此地充满了确定性和不确定性，以至于依靠感性和理性，追逐现象和本质，时时力有不逮。这正是技术之魅，或者说技术之惑。无论是1957年发明了类似街头游戏机的设备的莫顿·海利希，还是几年后研制出初具雏形的虚拟现实头盔的伊凡·苏泽兰，都给人类看清周遭的世界增添了新的门槛。

虚拟现实是又一种信息方式么？上古时代，人类结绳以记事。这种“事大大其绳，事小小其绳”的记事手法过于简洁，使得大多数信息转瞬即逝，无法重现。

进入文明时代，文字的出现极大扩充了媒体介质的载荷能力，在一定程度上打破了信息传递过程中时间和空间的限制，使得发生于此时此地的事件能够传于异时，流于异地，在第三人的心目中重建。在文字传输过程中，信息记录者将复杂的信息编码成文字，信息接收者将文字在脑海中进行解码。一编一译间，真实场景得以在建构于文字之上的信息空间中再现，这可能是一种不那么精确的虚拟现实。伴随着信息记录载体从岩石到兽骨到竹简到纸张再到电子手段的转变，文字符号承载的信息量不断地增大和丰富，其建构起的虚拟空间也更加多维，更加坚实。

但是，发轫于农耕时代的文字的阐释自由度并不能完全还原场景的精确性、可视性和可感性。今日的三国不过是赵云的天下；大圣归来后铅华洗尽落得一脸的迟暮。所幸工业革命开辟了另一条仰赖机械却也更为逼真的路径。照相机的出现，带来了信息传递方式从抽象的语言文字到具象的视觉图像的发展，顺便解放了绘画师们的双手；随之而来的电影和电视进一步将图像由静止向运动，由二维向三维转变，在舞台艺术的基础上走进生活的深处。借助不断发展的电子媒介，信息以多元感官体验的方式得以最大程度地还原、建构、再现、重生、穿越，或许从另一端逼近了关于灵魂不灭的古老传说。

虚拟现实是技术还是媒体？

虚拟现实对实在现实的征服，在20世纪中后期迎来了一次小小的高潮。这期间，军事、医疗和航天等少数几个资金密集型的尖端领域，无惧高昂的开发和使用成本，成为先行先试者。很快，摩尔定律下软硬件技术飞跃式进步和成本的飞速下降，大众化的春天终于姗姗来临。

“走下神坛”的虚拟现实，首先在游戏领域开始了与普罗大众的亲密接触，接着是娱乐、艺术和教育，虚拟现实技术类企业成功挤上风口，成为高科技玩家和资本市场的宠儿。扎克伯格曾断言“虚拟现实，将成为继智能手机之后，下一个重要的计算及信息平台”，无怪乎 Facebook 敢于斥资 20 亿收购虚拟现实技术公司 Oculus VR。一时间，虚拟现实的兴趣行情陡涨，各类虚拟现实设备纷纷问世，蝴蝶效应逐渐显现。

经过一番扰攘，Facebook 的 Oculus Rift、HTC 的 Vive 和索尼的 PlayStation VR 以其高水准的硬件技能和广泛的平台支持，赢得虚拟现实设备前三把交椅的口碑。与此同时，谷歌的 Cardboard、三星的 Gear VR、微软的 Microsoft Hololens 等炫酷的挑战者先后加入战团，装备不断升级换代，全球迎来了新一轮“VR 热”。

随着一大批性能优异的虚拟现实产品的诞生，虚拟现实算是让梦想照进了现实，并开始在各个领域大显身手。继“互联网 + ”之后，“VR + ”成为推动许多行业颠覆式创新的新模式。新闻业界其实早已跃跃欲试了。远的有 2013 年美国甘内特集团旗下《得梅因纪事报》推出了虚拟现实新闻《丰收的变化》，讲述四家农场的故事。观众只需戴上 Oculus Rift 就能“穿越”进农场当中，在近距离游览农场的同时，亲身体验技术、移民和全球化等带给农场的变化。近的有 2015 年 10 月 CNN 借助虚拟现实技术对民主党总统候选人的竞选辩论进行的全程直播。在国内，也不乏中流试水者。

当然，“VR + 新闻”，还是“新闻 + VR”，并非同语反复。次序的差异，

2013年美国甘内特集团旗下《得梅因纪事报》推出了虚拟现实新闻《丰收的变化》

不仅决定着为了谁，而且攸关依靠谁，直至终极追问“我是谁”。虚拟现实是技术还是媒体，端的要看行多久，走多远。在由高科技武装起来的华丽外表之下，谁也不能忘记内容的举足轻重。

新闻真实究竟能不能被虚拟地“建构”？

虚拟现实的运用其实依赖庞大的制作团队，相比于千千万万个自媒体，当下只有专业的传媒机构才能做到。威名显赫如《纽约时报》，于2015年11月推出了一款虚拟现实新闻客户端“NYT VR”，树立了又一个举轻若重的标杆。《纽约时报》还将虚拟现实业务引入广告经营中，通用电气、宝马、麦当劳、可口可乐等大品牌均在其虚拟现实视频的广告位中出现过。美联社甚至打造了VR门户网站，融新旧媒体于一炉，起到了后发先至、震古烁今的效果。

与旧媒介相比，虚拟现实多少有些高冷。有报道称，一部虚拟现实电影每分钟的制作成本高达100万美元。新闻的制作不及电影复杂，成本自然也没有电影那么高。但是不算经济账，并不知道胆儿有多肥。不过，现实还是次要的，最要紧的是理想。

在传统的新闻报道中，新闻工作者扮演着一个介于新闻和受众之间的“中间人”的角色，肩负着获取新闻和呈现新闻的责任；而受众则是勾连

美国总统奥巴马今年4月在汉诺威工业博览会上体验VR头戴式设备，声称戴上后那是个“美丽新世界”

于传播过程最后一公里的“接收站”。这种模式体现了一种以传者为中心的叙事逻辑。

互联网的出现，将人机互动和传受互动向前推进到了2.0版本。用户创造内容、机器创造内容与专业创造内容并驾齐驱，不遑多让。

虚拟现实是否已经构成了更为高级的版本，似乎尚难定论。不过，它延续了“受众中心”的叙事逻辑，“中间人”于焉不复存在，记者更多地从“演员”变成了“导演”，他们以真实新闻事件为蓝本，借助虚拟手段再现现实桥段；而受众亦不再是内容的被动接收者，他们以第一人称的主观视角走进新闻现场，并与新闻当事人进行面对面的实时互动。当受众迈步进入新闻现场获取直接体验与认知时，其震撼性大概远胜哈利·波特跌进邓布利多的冥想盆，因为哈利只能旁观别人的记忆，而我们的主角可以充分利用自己的耳目喉舌。与像素或许不足的栩栩时空相比，再美的文字描写都显得苍白虚妄。

其实，虚拟现实技术可以说是对主观与客观的一种颠覆。虚拟现实新闻重新定义了传播主体与传播客体的角色，将发生在千里之外的事件乾坤大挪移到受众的眼前，受众变成了新闻的“目击者”和进程的“参与者”。这一崭新的新闻形态既是新闻向沉浸式体验模式的发展，也是新闻向原始口耳相传式人际方式的回归，而其根本的指向，则是为了真实生动地“建构”新闻现场。

传媒在新闻报道的过程中同时扮演着两种角色：一是新闻的再现者；一是新闻的建构者。一位传媒人说，人们永远需要真相。而什么是真相，如何最大限度地接近真相，并不是“5W”能够涵盖得了的。再现多一点，还是建构多一点，都不是新闻的本质。新闻业的真正的价值，在本质上是新闻敏感问题、新闻判断问题、新闻立场问题，而不是技术问题。基于人脑感知信息的特点，虚拟现实技术将人的视觉、听觉、触觉、嗅觉和味觉等感官先拆分、后重组。借助VR眼镜、VR头盔、传感器等设备，来自虚拟空间的信息可同时作用于人的多个感知器官，并最终传向大脑，达到“以假乱真”的效果。所以技术可以很方便地成为干扰项，最终一条新闻的真实与否，依据的是更为高阶的标准。

如此一来，虚拟现实的运用多少存在着专业方面的风险，即炫目的技术是否会掩盖着或损害到价值的判断。虚拟现实在挑战传统报道模式的同时，不啻于是对人们的认知模式的一次挑战。由于沉浸感是虚拟现实新闻与其他新闻形态的重要区别，自然也是虚拟现实新闻的一大卖点。然而对沉浸感的过分崇拜，很可能促使虚拟现实新闻的生产以迎合受众的情感需求为依归，甚或令虚拟现实沦为一个精致而隐蔽的舆论工具，从而对新闻业一直以来所秉持的客观真实的理念构成未来感十足的冲击。

要而言之，虚拟现实不过是一个人工创造的平行时空。至少目前来看，它距离 Matrix 还比较遥远。回望自古以来的媒介演变史，人类企图依托媒介来挑战时空的限制，以虚拟再现现实的蓬勃欲望一以贯之。而支撑起这份野心与欲望的，是人类对“不朽”的孜孜以求。美国两位学者杰里米·拜伦森和吉姆·布拉斯科维奇在《虚拟现实：从阿凡达到永生》一书中，大胆地披露了虚拟现实的终极意义——让灵魂永生。根据作者的观点，虚拟现实可以将来自现实世界的个人特征以数据的形式“存储”在虚拟世界之中；而通过“全人格下载”，一个没有真实肉身的数字化造物便在虚拟空间中得到了“重生”。这些脑洞大开的妙论，意味着虚拟现实本身，可能就是真实的“真实的谎言”。

（作者支庭荣系暨南大学新闻与传播学院教授，乔斐系该院研究生）

南方都市报记者 郭继江

没有胜利者的战争

郭继江，南方都市报广东新闻部记者。2012 年至 2015 年为南方都市报摄影部首席记者。2003 年开始常驻珠江三角洲，拍摄珠三角草根阶层，作品“草莽珠三角”系列在海内外有广泛影响力。2008 年开始涉及国内外重大题材，汶川地震作品《神殇》获美国国家地理摄影大赛中国区金奖。反映利比亚战争组照《九月利比亚》获得人民摄影“金镜头”杰出图片专题大奖、腾讯年度视觉大奖。2015 年，作品《神殇》获邀参加美国洛杉矶艺术博览会，成为国内摄影记者第一人。这里展示的作品就是《九月利比亚》。

2011 年 9 月 20 日，利比亚班加西墓园，一个青年在拜祭战争逝去的亲人。

▲ 2011 年 9 月 29 日，黄昏，利比亚首都的黎波里街头，一名青年开着满身弹孔的汽车。

2011 年 9 月 23 日，利比亚苏尔特，准备上前线作战的反对派兵。

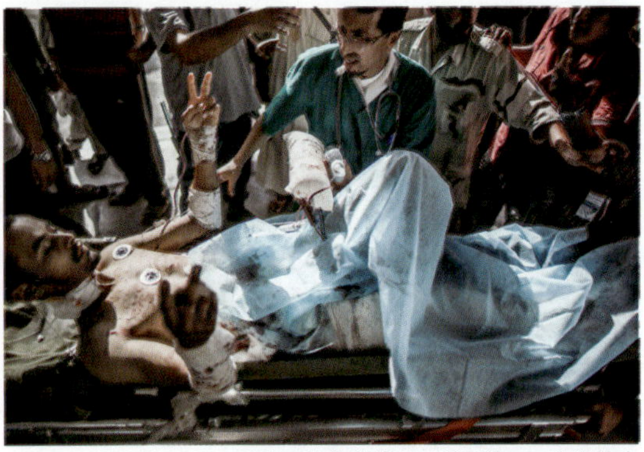

▲ 2011 年 9 月 23 日，利比亚战争前线拜尼沃利德，一个遭枪击受伤的士兵。

2011 年 9 月 23 日，利比亚战争前线拜尼沃利德，清真寺前鼓动士气的反对派士兵。

江城武汉 水中前行

■ 撰文：陈伟斌　袁浔杰
■ 摄影：陈伟斌

7月7日的武汉终于晴了，城内的积水开始有了退去的迹象。

从6月底开始，受强降雨影响，长江中下游干流及洞庭湖、鄱阳湖水位继续上涨，险情频发。国家防总11个督导组、专家组奔赴一线协助指导抗洪抢险工作，三峡水库也减小出库流量，以缓解长江中下游防守压力。但是长江中下游洪水仍然导致近200人死亡失踪。其中，江城武汉灾情严重，周降雨量突破历史最高值。

经历一夜暴雨的武汉城区一片泽国。连夜大雨导致全城渍水严重，部分交通瘫痪，汉口江滩所有闸口封闭，除防汛人员外禁止车辆行人进出，过百条公交线停运，武汉地铁2号线、4号线多个出入口突然进水，部分站点临时封闭。

以湖水和高校数量闻名遐迩的武汉，曾耗巨资建设排水系统，在今天依然存在“看海”问题，湖边的各高校均受到不同程度影响。

中南民族大学毗邻南湖，由于南湖倒灌，内涝严重，学校不得不暂停考试计划。中南民大北区宿舍地势较低，积水较深，北区旁边围墙倒塌严重，洪水涌入北区宿舍一楼，学生外出困难。一墙之隔的中南财经政法大学，情况也相似，部分学生宿舍被淹，学校只能安排学生在艺体中心内过夜。不远处的华中师范大学南湖校区则变成一片汪洋，操场水深近一米，一台被冲倒的小卖部的冰箱漂浮在水中。

在武汉中心区众多的内渍点中，汤逊湖及南湖片周边区域就有

◀ 7月7日傍晚，武汉长江干堤龙王庙闸口，新的“生死牌”就立在闸口旁边，救援人员忙着封闸。

▼ 7月8日下午，武汉江夏区长岛别墅被汤逊湖包围浸泡，小区出口道路被淹，别墅区成为孤岛。

8处。地处该区域的汤逊湖泵站为雨渍唯一出江通道，本轮降雨以来一直满负荷运行抽排。但因汤逊湖、南湖、巡司河、夹套河等主要调蓄河湖水位几乎与路面持平，且周边雨渍水仍在不断汇集，河湖水位顶托、调蓄功能严重受限，造成周边地区积水消退缓慢。

7日上午，在雄楚大道最靠近南湖的地方，马路中间最深处已经超过成年人的胸口，早起上班的市民不得不趟水前行。该路段公交车仅可勉强通过，小车已经禁行。南湖周边至少仍有四五个小区没有恢复供电，其中南湖假日小区的居民被告知，至少还要停电6天，里面还困着上千居民，这里已经断水断电两天了。

从6月30日大雨开始，南湖假日小区就慢慢积水，到了7月3日左右，水已经到成年人大腿的位置了。为了方便大家进出，有人自费搭建了近一人高的"桥"。但是到了6日，数百米的"桥"已被水淹没得只剩扶手骨架了。

自费搭"桥"的人叫田凯，他是当地某建筑公司的老板。田凯告诉南都记者，由于雨越下越大，积水也越来越深，他看到小区居民进出都不便，于是在7月4日，找了5个专业的师傅来搭建临时通行的"桥"。

南湖假日小区的马路旁边就是南湖，连续的降雨，让湖水涌上岸边，岸边"险"字警示牌几乎被淹没。而在小区内，平均水位已经超过成年人的大腿，最深处已经到成年人的脖子，不少居民用大盆、水桶、木板等工具权当小船划出小区，在送走自己的家人后，自愿留下来帮助其他邻居转移出去。

大水几乎每三年拜访武汉一次，没有哪一座城市像武汉这样，与长江水的对抗永无休止。江城人也没有完全被大水困住，他们在水中前行，毕竟生活还要继续。

（作者系南方都市报记者）

▲ 7月7日上午，武汉市南湖渍堤仍然严重，南湖假日小区几百户居民被困，断水断电的居民开始搬离家园。

▲ 7月7日傍晚，武汉长江干堤青山倒口湖段，救援人员连日奋战，处理了管涌险情。

▲ 7月7日零时，武汉中南财经政法大学艺体中心内，因积水无法回寝室的大学生在此过夜。

▲ 7月7日上午，武汉市南湖渍堤仍然严重，被困的南湖假日小区几百户居民，纷纷开展自救。

▲ 7 月 7 日上午，遭洪水围困的武汉市南湖假日小区居民撤离家园。

▲ 7 月 7 日上午，武汉市洪山区雄楚大街一段积水严重，市民趟水过马路。

▲ 7 月 7 日上午，武汉市洪山区雄楚大街一段，一名男子在水中拖着煤气瓶。

▼ 7 月 7 日上午，武汉市南湖假日小区几百户被困居民，纷纷开展自救。

▲ 7 月 7 日中午，武汉市南湖漫堤，一名男子游泳前进。

▲ 7 月 7 日上午，武汉市仍有多处街道和房屋被淹，洪山区雄楚大街一段积水严重，一名市民险些被公交车激起的水浪推到。

▲ 7 月 7 日上午，武汉市南湖假日小区被困居民，利用门板、木梯转移小孩。

▲ 7 月 7 日中午，武汉市南湖漫堤，湖边的车辆被淹没在水中。

▲ 7 月 7 日中午，武汉市南湖漫堤，下水道井盖被掀开处立着醒目的警示牌，水中遍布垃圾。

这幅题目为《鹅》的作品，荣获全球最具影响力的手机摄影奖项 IPPA 年度动物类三等奖。 蔡俊标 摄

鹅

近日，全球最具影响力的手机摄影奖项 IPPA 揭晓，多名中国人获奖，其手机摄影作品完爆单反。上面这幅作品题目为《鹅》，荣获 IPPA 年度动物类三等奖，作者是广东阳江人蔡俊标。蔡俊标这样介绍自己：一个追求快乐的人，干过苦力，搞过贸易，当过记者，弄过文字……现在是一名机关工作人员、自由摄影师。

“不管别人怎么说，我走我的路，我只是热爱摄影。从 2015 年 6 月起，工作之余利用零碎时间玩手机摄影，记录身边发生的事，记录家乡的民俗风情，我仍在摄影的路上。”蔡俊标在获奖感言中说道。

关于获奖作品《鹅》，蔡俊标说：“我可以说与鹅结缘较深。小的时候，家里也养过鹅，一直比较喜欢这种动物，骆宾王家喻户晓的古诗《咏鹅》从童年起就一直存留在我的记忆里，而且我的家乡广东阳江是著名良种黄鬃鹅的原产地，乡下村道河畔几乎随处可见成群成群的鹅阵，浩浩荡荡，壮观极了。我平时也经常去拍鹅，那天休息下乡拍摄巧遇，便随着牧鹅人跟拍了约三四千只的一个鹅群，拍了多幅，但一直不满意，一直也不愿放弃。走了一段路，终于碰上一个收窄的喇叭型上坡路段，我便半蹲着利用逆光抓拍了这个场面，画面中扬起的尘土烘托出浓浓的氛围，弯弯逼仄的路子、昂头簇拥画面前奔的鹅群，整个场面显得非常壮观。嘹亮的喊声盈耳，动感和气势也非常强烈……我想是呈现出壮观和气势打动了评委吧。”

（作者系广东阳江自由摄影师）

记者讲述

记者讲述

“血托”报道：媒体要做那个诚实的孩子

□陈杰生

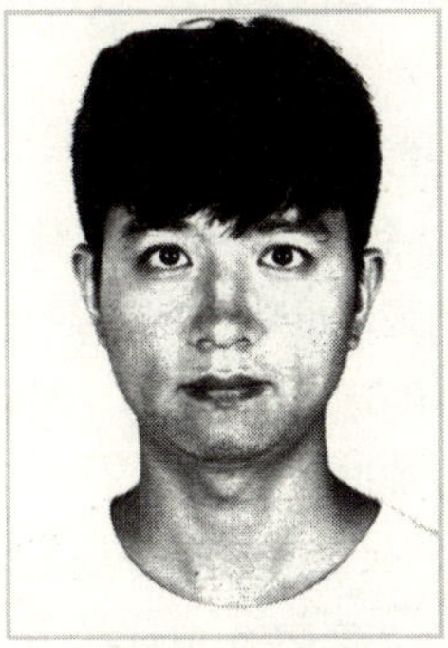

陈杰生

2016年6月14日，世界献血者日当天，南都以两个整版的篇幅揭露了“有偿献血”黑色链条。对于很多人来说，利用互助献血牟利的“血托”并不陌生。在医院的血液科里，常常能见到很多“血托”散布的小卡片，很多血液病患或许早已司空见惯。

报道还是收到了一些反响，省卫计委给予回应，称坚决打击“血托”行为。然而，不唯谬赞，报道甫一推出，随之而来的还有读者的指责。事后，我们爆料台收到读者来电说：“报道后，病人到哪找血去！？”

然而，我觉得，媒体喉舌的作用，更在于其诚实，譬如《皇帝的新装》中那个敢于直言的小孩，媒体就要大胆地说出真相。

与“血托”的第一次接洽

6月6日，距离报道刊出的前一个星期，我接到一条爆料台转来的线索，看线索登记的口吻，对方应为一大学生。因为对方只留了一个QQ号码，当天晚上，我先加了该号码，等候对方答复。

没想到，对方很快就添加了我。他首先跟我讲述了自己的经历，称自己系在今年春节时找兼职，接触到“有偿献血”这一群体。他表达了意愿后，很快被拉入一个名为“广州有偿献血中心群”的QQ群里，群里全天的状态基本都是“全员禁言中”，“血托”会在上面发布需求信息。他告诉我，之前献过一次，那时是全血 400 毫升，最后顺利从“血托”那里拿到了 500 元。

这是一个有社会责任感的学生。他告诉我，自己一开始认为献血利人利己，又有钱赚，何乐而不为？然而献完血后细想，国家规定“无偿献血”，这种“血托”于其中“插一脚”借以牟利，显然违法。因此，他选择拨打了南都热线电话，希望媒体介入。

我当晚与他聊完，就想先摸进“广州有偿献血中心群”QQ 群，先探探。出乎我意料，当晚我丝毫没有遇到阻力——先是“秒入”群，后一昵称为“林”的“血托”马上找到了我，问是否想献血，在得到肯定的答复后，对方马上询问血型，并给出了价钱：0 型血，450 元，“愿意等 500 元”。

我询问需要等多久，对方称一两天之内，“说不定明天”，并称系在广州血液中心献血，献血条件是“体重过百，半年内没有在广州互助（献血），有身份证”，一再叮嘱“这两天不要喝酒，油腻的也不吃”。

等第二天早上 8 点，我收到对方发来的消息，称“等下应该有（单）”，叫我做好准备。当时，我正在赶赴一个线口上的活，只能先拖延着。等到 9 点，对方说 11 点就要 0 型血单子了，我在 10 点就结束了线口活，答应尽量赶到。

当时，我接到了南方日报机动部记者邓强的电话，他也接到了同样的

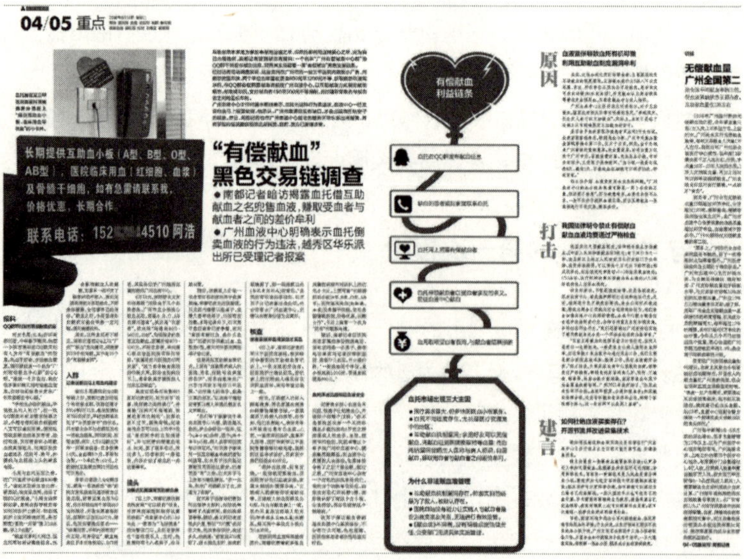
04/05 重点

长期提供互助血小板（A型、B型、O型、AB型），医院临床用血（红细胞、血浆）及骨髓干细胞，如有急需请联系我，价格优惠，长期合作。
联系电话：152[redacted]4510 阿浩

“有偿献血”黑色交易链调查

● 南都记者暗访揭露血托借互助献血之名兜售血液，赚取受血者与献血者之间的差价牟利
● 广州血液中心明确表示血托倒卖血液的行为违法，越秀区华乐派出所已受理记者报案

有偿献血 利益链条

原因

打击

建言

无偿献血量 广州全国第二

线索，同样在跟进。我就跟他说了，待会儿有个单子，“我们可以先以献血者的身份去暗访”。

我们大概是 11 点赶到了对方要求的小北地铁站 C 出口。我拨通了通过 QQ 信息拿到的对方电话，后根据对方的指示走到了广州血液中心。在门口，我再次拨打电话，对方要我们走到麓苑路路口的“飞扬美食”快餐店门口。

我最先见到一个穿黑色 T 恤衫的男子，中等身材，口音不像广州本地人，普通话也不甚标准。确认我们系来献血后，他将我们介绍给了一穿红色 T 恤衫的男子，该男子二三十岁年纪，染着头发，身材偏矮，嘴里叼着烟，一口说话一口吸。

红衣男将我们引入“飞扬美食”快餐店。

我看见里面都是他们一伙人。那时是中午饭点，虽说是“快餐店”，但是店里无人用餐。坐下后，红衣男子掏出一张血液中心要求每一个互助献血者填写的表格。红衣男子有条不紊地说，“勾血小板，2 个单位”，并要求我们务必要记住。之后，男子拿出了两张医院出具的互助献血登记表，我和邓强看到，一张为珠江医院所出具，病人名字为“梁某”；一张为南方医院所出具，名为“王某”。红衣男子强调，献血时要我们拿这两张表，自称系病人家属的朋友。

“要记住名字！”他嘀咕。

后面，红衣男子开始交待献血时的注意事项。比如，护士若问，有没药物过敏，要坚决说“没有”。邓强说，自己有药物过敏，也要说没有吗？对方称，“你一说有，你在广州就献不了血，我是为了你好”。

我因是近视眼，引起了红衣男子的注意，他问我近视多少度，得到七八百度的回答后，他摘掉我的眼镜去看了看，摇了摇头，告诉我“骗”护士自己 400 度就行了，而且要我在献血前填完表必须摘掉眼镜，走过一段走廊去献血。

男子介绍整个过程，相当娴熟，已然跟他抽烟形成的固定动作一样——说一句话，吧吧地吸上一口烟，再说一句话。

之后，红衣男子称要带我跟邓强去血液中心，我们以未带身份证为由称要离开去取身份证。

离开前，为避免对方怀疑，我还向其中一男子借钱打车，称会马上回来。对方说，怕我把车钱给骗了。于是，我和邓强顺利“开溜”。走了一段路后，邓强望了望身后，发现我们似乎被人跟踪了一段路。“对方还是不相信我们！”不过，等我们走远了，就没见身后有来人了。

苦涩的病人

因为手头还有一些采访，我们一直到了6月9日，才相约一起去南方医院核实，暗访当日看到的病人，因为只有确认该病人存在，才能串成一链条。采访也出奇地顺利，我们在该院的血液科一隔离病房外，对应互助献血登记表上的床号，看到了病人王某的家属。

王某家属坦承自己系在外面买血。“生白血病，经常发烧，一发烧就需要输血，但医院告诉他们血液紧张，家属只能到外面想办法，”显然是不得已为之。

我们在医院血液科发现了多张“血托”夹在对讲机的小卡片，每张内容差不多，都是说自己有办法拿到血，“如有急需请联系我，价格优惠，长期合作”之类。邓强拨打了其中一个电话，确认对方就是“血托”。

更关心的是，该怎样呼吁社会献血

发稿前一天，6月13日，我和邓强经过商讨，决定报警。我们俩大概于上午11点到达广州市血液中心所属的华乐派出所，接受了大概两个小时的民警问询，民警最后决定先以“行政类案件”进行调查。录完口供，我俩已经饥肠辘辘，而且都内急，去上厕所的时候，录口供的民警说，此案是整一条链条，侦查难度较大。报案后，还没吃午饭的我们回到报社，在附近一家快餐店，吃了两大碗米饭。

报道出街后，确实反响挺大，省卫计委回应坚决打击。更让我们高兴的是，大城市血液紧缺的问题再被提上政府部门的议程。广州血液中心付涌水主任向我们指出，产生“血托”的土壤，正系因广州存在血液紧缺的背景——尤其是血小板，保存期短，过期报废。血液紧缺的背后，是广州作为一个医疗资源相对集中的大城市，尽管献血量也位居前列，血液仍然供不应求。

后来，我在南都的《看见》栏目发表了此次采访的手记，道出了自己的一点想法：

血液紧缺，目前有什么好的办法吗？我们询问各方，得到的回答，几乎无一例外是呼吁社会无偿献血。怎样更好地动员无偿献血呢？曾试过经济补贴，结果引来了贩卖献血证；非货币补贴或许是一种方法，但是，补贴什么？非货币补贴能否跟金钱有同等的抚慰？

我们真诚希望，这篇报道不要只是敲一警钟的效果，敲完作罢，希望可以唤起社会的集思广益——怎样呼吁社会积极无偿献血，而非仅止于呼吁本身。

（作者系南方都市报广州新闻部记者）

“裸条借贷”调查是如何生成热点的

□王佳

王佳

今年6月，一则关于大学生使用“裸条”贷款的新闻成为热点，在微博、微信朋友圈中，不少人对这种现象表示惊讶。事实上，南都是这一话题的引领者，从一开始介入对“裸条”报料的追踪，到展示“裸条借贷”乱象，曝光网络催债法则，揭开校园网贷之疯狂，南都全程引导了这一热点，效果极佳，既获得了广泛关注，又为监管部门提出了治理建议。

把小料做大

最初有关女大学生深陷“裸条”的报料，来自一名互联网金融从业人员。此人6月12日在微博透露，有人通过一款网络借贷平台提供“裸条放款”，即进行借款时，以借款人手持身份证的裸照替代借条。当发生违约不还款时，放贷人以公开裸体照片和与借款人父母联系的手段作为要挟，逼借款人还款。目前，有女大学生遇到了这样的麻烦。

南都记者第一时间展开核实，包括对受害者的采访。采访轻车熟路，记者很快了解了基本套路，如果此时发出报道，足以完成一条日常快讯：网络报料——记者核实——发稿“网曝……”不过，我们并不满足于这种不能产生良好社会效果的热点1.0的操作模式。具体到大学生贷款，我们感觉这是一个可以做出深度的题材，毕竟今年就有大学生因贷款赌球自杀。

更重要的是，在核实报料的过程中，我们通过检索发现，这名从业人员与涉事网络借贷平台常年在打口水战，甚至网上还有涉及双方名誉侵权案件的官司文书。鉴于此，我们认为，不排除当事人存在恶意报料甚至造假的可能，由此，报料人和受害者的说法应存疑。

所以，我们调整了报道策略，即赶在其他媒体发稿前绕开个案，展开深挖，从行业乱象入手——如果“裸条”是广泛存在的，就不以个案真假为转移。很幸运，记者很快兵分多路“卧底”进了这一类借款群。在群中，记者从多位放款人处获悉，只要遵照指引——先进行信息审核，材料包括素颜照两张、收还款截图、还款记录截图，同时提供年级、负债等情况，即可拿到贷款。放款人还强调，若到期不还款，裸体照会被曝光，并与家长联系。

更为核心的证据是，记者在这一类群中注意到，借款人还对逾期不还者发出了警告："明天 24 点前！没有回款，将全方位公布！"配图是露半张脸、关键处打码的女生裸照。群文件中还有逾期不还者的详细信息（电话、电话服务密码、身份证、家庭住址、父母姓名、舍友电话等）、身份证正反照、中国高等教育学生信息网截图、班级 QQ 群截图、手持身份证裸照等。

6 月 13 日中午，我们通过南都 App 发出第一稿《“裸条”借贷惊现大学生群体，不还钱被威胁公布裸照》，获得了近 30 万阅读，同时获得全网转载。在这个基础上，我们又开始完善见报稿件，于 6 月 14 日推出“起

10/11 深度

南都记者调查发现，有高利贷团伙利用互联网金融平台，面向大学生从事非法放贷，学历越高贷款额度越高

“裸条借贷”周息30%套牢大学生
逾期不还威逼联系父母公布裸照

底裸条借贷乱象”的深度报道，包括“裸条”并不是一种新生事物，通常学历越高可获的贷款额越高，受害者甚至包括部分中介如何落入贷款深渊的，业内人士和专家警示开“裸条”对自己不负责任等。

热点造词学

当然，经验告诉我们，对于一则哪怕是具备足够冲击力的报道，光有猛料还是不够的，尤其是当同行都介入时，就要充分考虑话题的传播和发酵路径。理想的状况是，让这个话题打上南都的烙印，让大家关注它、谈论它时，都绕不开南都。

基于这一考虑，我们在发稿前给报道拟了一个热词——“裸条借贷”，来概况报道的核心元素乃至主要内容。无论在稿件标题还是内文当中，都反复使用这一标识，就像那些打在图片上的水印一样。通过南都App发稿后，我们又有意在微博、朋友圈等处，以“新词出现：裸条借贷”作为引导，让大家关注这一新词，并关注它背后的乱象。结果效果非常好，无论是网友讨论，还是媒体跟进报道、发表评论，都普遍援引了“裸条借贷”一词。

我看到乐坏了。本来嘛，这就是个观念先行的年代，给个新词，让偷懒的人们发挥去吧。

第一天报道做完了，接下来怎么办呢？这时经验又起作用了，当然反过来说，也就是过去这方面的亏吃得足够多

深度 11

电话骚扰借贷人、同学、家人，网上曝光个人隐私，甚至线下采取“非常措施”

“网络催客”的讨债手腕何止“裸条”

了。什么经验呢？就是要牢牢占据并引导一个热点。很多时候，报道最重要料的不是有多猛，因为天下压根就没那么多猛料，而是持续，并且足够坚决地持续报道。

在采访中，我们发现，在网络借贷乱象当中，除了以发裸照相逼这种极端手法以外，背后暗藏的催款手段可谓五花八门，常见的还包括“呼死你”（不断打电话）、入侵通讯录、打电话给家长同学、网上以老赖名义公布当事人身份证及通讯信息等方式。

围绕这一点，我们又造了一个新词：网络催客。当然，这不是凭空捏造的，而是基于部分网友的评价。为了炒热这个词，我们又给它下了定义，即以“呼死你”（不断打电话）、入侵通讯录、打电话给家长同学等方式催款的人。同时，我们又定义了它的行为模式——“网络催客”一般为放贷者和多家网络借贷平台服务，是网络借贷产业链中重要的一环。不同的“催客”在催债方式和行为控制上存在偏差。然后，这个词又热了，报道也推出去了。

公共价值增量

做到这一步，我感觉话题还没有做足做透。恰逢此时，有关校园贷款混乱的讨论开始在网上出现，并且就在三个月前，刚发生过一起震动国内的新闻：21 岁的大学生郑德幸在青岛坠楼，他曾以 28 名同学之名欠下 58.95 万元贷款用于赌球，最终无力偿还而选择自尽。

因此，我们决定进一步延展“裸条借贷”话题，即将其纳入校园借贷乱象的一环。为此，我们搜索了南都报料系统，抓取了数十条与校园贷款有关的投诉、报料，安排多名记者与实习生分头打电话，以掌握更多有关校园借贷问题的线索。事实证明，这一招同样管用。

在 6 月 16 日刊发的深度报道《疯狂的校园贷》当中，导语我是这样写的：事实上，“裸条借贷”也只是大学生疯狂借贷的乱象一角。随着互联网金融的发展，大学生分期消费市场的所谓春天到来，越来越多大学生投身小额贷款、分期消费的热潮中，众多针对校园的贷款平台也纷纷到高校“跑马圈地”，导致众多没有独立经济能力却欲望膨胀的学生陷入连环债务危机之中。设置高利贷陷阱的放贷者、借款上瘾的借贷者、手法五花八门的“催客”，共同构成了校园不良贷款的恶性循环——这一段话，就把话题的三个维度关联到了一起。

作为一家负责任的媒体，做新闻光热闹也不行，在连续报道中，我们都强化了稿件的公共价值增量：在揭秘“裸条借贷”时，我们援引业内人士的话告诉大学生，押“裸照”对自己不负责。同时，我们强调无意否认所有网络借贷平台的价值，“裸条”本身是基于人性对于风险的控制滋生出的陋习，有互联网平台之前也存在，当然借贷平台有义务排除违法信息。

在报道“网络催客”时，我们援引律师的话说，“网络催客”如果是以一种合法合规的方式进行账务催收，可视为一种民事代理行为，若采取极端手段，则可能涉嫌侵权乃至违法犯罪。对此，各部门应各司其职甚至开展联合行动，及时介入处理。

到了对校园借贷乱象的报道时，我们又梳理了各级教育部门、公安机关对校园不良网络借贷行为的监管措施和实际成效。尤其是成效，封杀信用卡之后又出贷款平台，值得追问。

到了这里，我们认为，这组报道的社会价值已得到充分呈现。

（作者系南方都市报深度新闻部副主任）

海外领事保护
——“买买买”下深藏的新闻富矿

□薛冰妮

薛冰妮

从汕头的山里走出来，等一个星期才有船到汕头的港口。再等一个月才有船到香港，从香港坐船在公海上颠簸 7 天 7 夜才到了雅加达。这是印尼华人李世镰的老父亲的漂流。

从东南亚调研归来，我常回想这位老华人在印尼分享的这一幕，吱吱呀呀的船声常回响在耳畔。

谁会想到多年后，广东揭阳潮汕国际机场便开通了雅加达的直航航班呢？

交通的便利，社会的发展，时代的裂变让这一幕仅停留在了记忆。空间的转移，走出国门不再成为刻骨铭心的记忆，而是轻松的“一跃”。

如今，说走就走的旅行已经成为时尚。走出国门已是寻常事。

2015 年，中国内地居民出境人数再创历史新高，达到 1.28 亿人次，同比增长 1130 万人次。从近 4 年看，走出国门的人数节节攀高，用井喷来形容也不为过。

庞大的出境数字背后，隐藏着一个新闻富矿。日本电饭锅等热点新闻陆续爆出，中国游客成了各国青睐的金主。

与此同时，海外安全与合法权益的保护日益凸显。发生安全问题的概率也在增多，盗抢、欺诈、侮辱、绑架、溺亡、车祸等等。中国公民在海外安全事件形态趋于多样化与复杂化。以去年为例，中国海外领事保护案件中就有 1928 人死亡。

领事保护就是指当中国公民、法人的合法权益在所在国受到侵害时，中国政府和中国驻外外交、领事机构依法向驻在国有关当局反映要求，敦促对方依法公正、妥善处理，从而维护海外中国公民和机构的安全及正当权益的工作。

从利益攸关、重要性的角度审视，这显然是比海外消费现象新闻更具有新闻价值。

然而，长期以来，海外安全新闻长期处于浅层阶段，流于简单、个案的报道形式，难见深度的梳理与分析报道。

从政府部门的角度，回应群众的关切，提供更好的领事保护服务，在我国公民走出国门前进行预防性领事保护正是当务之急。

从媒体的角度，深入一线发掘鲜活的海外新闻，呈现最真实最实用的提醒，提供有价值有温度有人文关怀的新闻也是媒体守望职责所在。

正是基于这样的背景，广东省人民政府外事办公室与南方都市报一拍即合，联合策划平安走四方专题。

本次活动酝酿多时。3 月开始安排采访路线，联系大使馆以及当地政府部门筹备了 3 个月。5 月 31 日，海外领事专题调研组到泰国、印尼、菲律宾三国开展为期 10 天实地调研，并推出了 2 组深度报道。

16/17 特别报道

"平安走四方"海外领保调研 第1站

井喷的泰国游：溺水、车祸最易发

今年中国赴泰游客或突破1000万人次；大使馆提醒：过马路先看右再看左

头号杀手 溺亡

去年70多名中国游客在泰溺亡

二号杀手 交通事故

去年33名中国游客在泰遇车祸身亡

三广东游客泰国喂鱼被罚

中国自由行游客近8成不买保险

设立游客法院快速处理纠纷

揭开领保提醒神秘的面纱——从故事看 BUG

从媒体记者的角度来看，外事算是一条冷门的线，难出新鲜热辣的新闻。外事新闻在传统媒体上大多是简明扼要的会议消息。

我在做案头工作的时候发现，领保新闻则大多是中国驻各国大使馆发出的提醒。这种简洁扼要的提醒是官方提炼后的“精华”。大部分市民看到这种提醒，心里会存很多疑问：事故是如何发生的？哪些行为是致命的盲区……

然而官方的通报只有这几句，非常不解渴。

因此在出行前，我已经定好采访的原则——发掘这些领保提醒背后最鲜活的新闻，让每一句提醒都有血肉丰满的故事与细节可以让读者“悦读”，用细节代替说教，用故事警醒世人。

在泰国的采访中，领事馆的小册子提醒中提及泰国车辆为右舵左行，交通规则与中国相反，要先看右再看左。

这一句提醒的背后是众多在车轮下丧生的生命。最令我们震惊的是，就在前不久，一对中国夫妇刚抵清迈，在过马路的时候被车撞了双双身亡。领事馆官员说，查看监控录像发现，他们过马路确实看了是否有车过来，但是他们是按照中国的习惯朝左看，车从右边撞过来。

听这一句话，我差点被吓出一身冷汗，因为自己在泰国路边走路时、确实仍然习惯右行左看。

这对夫妇致命的一看，这就是提醒背后血的教训。这些细节恰恰就是新闻报道里的精华。正是因为有了这些活生生的案例，这一句提醒才会在众多提醒中超脱出来，得到更多的关注。

以足够的细节支撑起一句简要的提醒还体现在第一死因“溺亡”。

泰国的涉水项目非常多，我们在新闻上已经看到太多的注意涉水安全的新闻提醒。然而总是不清楚黑点在哪里。

比如领事馆会提醒不要在晚上去酒店游泳池游泳，因为没有安全员。

很多水性很好的人看到这句话可能都会笑，肯定不会有事。然而在采访中，我们发现这一句提醒背后有更深层的背景和原因没有被发掘出来。

中国驻泰国大使馆领保官员介绍，在中国很多人警惕性都很高，但是到国外旅游，一下子就放松了。一些人在泰国的酒吧喝了酒享受了夜生活，回到酒店又觉得住好酒店要享受一下酒店设施——游泳池。未料发生了溺亡。关键是溺亡水池深度不到 1 米，不够当事人的身高。很多家属都接受不了。其实就是因为喝醉了，当事人不小心滑进水池溺亡。

如果不是到一线直接采访领保官员，恐怕这些细节会鲜为人所知。媒体的作用正是要捅破读者与领保提醒之间的那一层纸，醍醐灌顶，让人们明白简要的提醒背后的沉重。我认为，这正是预防性领事保护新闻报道工作的核心要点。

呈现最新趋势——新鲜火辣一线料

在一线采访，我们发现冷门的外事线其实是一个新闻富矿，巨大的游客量催生着新问题。这种新现象正是媒体应引起关注的领域。以记者敏锐的嗅觉从一线带来真正的新鲜活辣的新闻正是媒体的拿手戏。这种新闻也正是当下国内缺乏的一线大料。

此行 10 天，我们第一站抵达泰国，花了 4 天时间采访了大使馆、领事馆，泰国的外交部、旅游体育部，还有华助中心。这是因为泰国一直是中国游客最喜欢的旅游地，而且往往是走出国门第一个旅游地。因为这里地理距离近、消费较低、待人友好，相比欧美的高消费，泰国的旅游环境显然更为普罗大众喜爱。

今年预计中国赴泰国的游客将超过1000 万人次。这股游客大潮涌入泰国也带来了新的变化。泰国的旅游设施能否承受巨大的游客压力，我们采访当地官员得到了肯定的答案。泰国方面的旅游服务也在不断提升，以旅游警察的服务为例就很有特色。

14 特别报道
“平安走四方”海外领保调研 第2站 印尼

过去一年7中国游客在巴厘岛溺亡

有夫妻在巴厘岛拍婚纱照，大浪来袭卷走新娘；使领馆：不建议下海游泳

关键词 出入境

116名中国公民上半年在印尼非法务工

关键词 巴厘岛

关键词 风俗

在采访中，我们惊奇地发现，不少中国人已经到泰国自驾游了！去年有近万辆中国轿车进入泰国境内自驾游。由于交通规则不同，带来了新问题。竟然出现了中国自驾游车主在车祸后弃车逃跑的个案，理由是车比罚款便宜。

新游客多了，老游客已经往深度游里走了，也出现了新问题。丛林飞跃就是泰国近年比较火的项目。然而这些新项目也带来了安全隐患。我们在采访中发现了已经有中国年轻人在丛林飞跃中出现意外丧生。我们不单采访大使馆，还采访泰国旅游体育部得到了回应。泰国正在整顿这种旅游公司。

应该说，若单单从丛林飞跃的角度，深入采访就能做一篇很好的深度领保新闻。可惜行程太紧，仅能点到即止了。

不单是泰国，在中国人最爱去的还有印尼巴厘岛。除了常规的溺亡案，我们也发现了新的现象。不少中国明星喜欢到巴厘岛举行婚礼。沉浸美景的背后其实隐藏着危险。现在一些时尚的年轻人喜欢到巴厘岛拍婚纱照。领保官员说就有一对新婚夫妇在海边岩石上拍照，未料海浪过大，新娘被拍落水中身亡。还有在海神庙的悬崖上拍高难度照片也带来了坠亡的个案。

凸显服务性——提供能用上的建议

服务性是新闻本身所具有的属性。如果说以事实说话、发掘新现象是此行的一大特点的话，服务性更是落脚点和出发点。

10天的采访中，发掘新闻的最后，我们总要问一个问题：请提出针对性的建议。因为我们希望这一次采访能提供实用性的建议。为了得到全面的建议，我们不单采访官方机构，也采访民间组织，包括清迈华助中心，以及警察局的华语志愿者。

出国前购买旅游保险，这是我们此行获得的最重要的一个建议。不少中国人没有购买保险的习惯。然而这一习惯若在国外遇到伤亡将非常惨痛，甚至会面对“死了白死”的困境。以泰国为例，有的中国人遇到交通事故身亡，责任在泰国肇事者。泰国的司法路径走起来也很漫长。而且即便赢了官司，对方往往没有赔付能力。

这让我想起此前自己曾跟团赴泰国旅游，是否购买几十元的意外保险只是旅游合同上不起眼的一项：可以购买也可以拒绝。本次报道对在泰国遇到伤亡如何处理进行了详细的介绍，包括规避风险以及如何获得最好的治疗。

在采访中，也有华人建议在泰国的机场设置保险购买柜台，然而也有人提出反对意见。或许在走出国门前，强制购买旅游保险是较好的解决办法。

实际上，在出入境的“关卡”，也是出现问题较多的地方。2015 年中国驻外使领馆共协调处理出入境受阻案件 7750 件，同比增长 165%。

印尼也是中国游客喜爱的一个国家。在采访中，我们发现出入境受阻往往是因中国游客英语水平较弱，沟通不畅。领保官员告诉我们，很多人会认为印尼人在之前有过排华事件，会歧视华人，其实印尼人对中国人比较友好。在出入境中询问几句很正常，只要正常应答即可。

更令人哭笑不得是，在出入境中，还有中国导游在入境前让游客准备好 10 元人民币给出入境官员，真令中国的领事馆官员跌足，大喊苦恼。因此，如何避免出入境中被索贿，被索贿后注意哪些细节，如何提交资料等，本次报道也一一介绍。这些建议都凸显服务性与针对性，让游客可以马上用上。

结语：人潮涌动处总是新闻深藏之处

本次专题推出一共 4 个整版的报道。这是南都首次携手政府部门深入海外一线进行领事保护专题报道，甫一见报便引起了社会的广泛关注，网络点击量与转载量不小。这正是调研组的初衷：不要出事了再找领事保护。在出国门前提高老百姓的风险意识和防范能力。

对于媒体来说，紧跟社会步伐，放宽视野，展望全球，从中寻找最热辣的新闻，最有温度的新闻，领事保护毫无疑问是一个巨大的新闻富矿。

与媒体合作，深入一线开展领保调查，这也是广东省人民政府外事办公室首度尝鲜的举措。尤其值得一提的是，他们在遴选合作对象时，强调要找老百姓爱看的大众都市类媒体，希望能覆盖到更广泛的人群，得到良好的社会效果。南都正符合他们的要求。

应该说，这只是一个小小的开始，更多鲜活的新闻还有待进一步发掘。

人潮涌动处总是新闻深藏之处。想攫取新鲜热辣生猛的新闻，深入一线吧！

（作者系南方都市报首席记者）

采写编

采写编

新闻可视化中的“信息密度”

□郁石

郁石

可视化是目前新闻采编实践中较流行的技术手段。南方报业各家报、刊、网、端的平台，都在越来越多地使用这一形式来呈现新闻内容。新闻可视化有很多优点，比如可以使信息的传播效率更高，可以再现摄影记者没能拍摄到的某些镜头，有些可视化图表比新闻稿和照片更加直观、更加简洁大气、更加易读，很多图表还具有较强的视觉冲击力。

但是，自从可视化图表开始流行以来，围绕它的争论也一直存在。很多可视化作品也被批评“大而不当”“为设计而设计”。一些图表确实让读者更加迷茫，或对着那些迷宫一般的图表不知所措，甚至翻开报纸就被吓一跳。即使是有丰富可视化图表制作经验的编辑，也有很大几率失手。

本文尝试总结一些可视化图表制作的规律性内容，并分析导致一些可视化作品失败的问题所在，跟各位探讨。

一、制作可视化图表的经验之谈

成功的可视化图表，总是主题明确、色彩切题、结构清爽、视觉冲击力强。

效果最好的版，肯定是色彩最好的版。很多优秀的可视化图表，其色彩是主要的加分项。南方日报的视觉设计倾向于素雅清秀，报头则以南方红为主色。笔者反复试错后认为，图表配色在贴近报道题材的基础上，可以多尝试蔚蓝、草绿、南方红等颜色，精心设置饱和度和透明度，可以使版面通透明快，悦目抢眼。当然配色不是绝对的，多了解一些色彩情绪方面的知识，可以事半功倍。

搭配颜色时还应注意虚实结合，在制作图表时融入新闻实景照片，以照片增强视觉冲击力和现场感，以制图的形式和颜色来引领读者的视线和情绪。要注重照片与制图的颜色统一，使之有整体感。这样新闻实景照片，作为统领栏目乃至版面上所有元素的焦点，在整个版面上被突出，而其他色块、线条起到引领视线的作用，让读者顺着这些元素自然顺利地获取到文字信息。

时局 聚焦 A03
央企负责人薪酬改革明年初实施，干得不好或被追回薪酬，其薪酬：
现在是职工12倍
以后不超7至8倍
12月18日起珠澳间三个口岸通关实行新政策
横琴口岸可全天通关
会吸引更多的人来珠海、去澳门
粤澳区域合作带来大商机大发展

可视化图表追求视觉冲击力，天生就不适合规行矩步。很多时候应该大胆采用“破版破栏”的形式，让人一翻开报纸便被吸引住眼球。当然这种设计要有度，要做到虽然看起来破坏了规矩，但是仍然符合视觉原理，既实现出奇制胜的效果，又不会影响阅读和观感。

新闻周刊 NEWS WEEKLY A11
寨卡病毒全球蔓延
最佳预防方式是防止蚊虫叮咬
准备妊娠及妊娠期女性慎往疫区
“城乡关系”如何走出节日消费怪圈？
超六成网友仍用第三方支付平台

既然决定用图表来呈现新闻内容，那么在版面上就应尽量少说话，也就是少放文字。可视化版面不要跟其他版面争抢字数多少，而是争取用视觉元素来更好地表达信息，甚至要做到比同等面积的文字表达的信息还要多。很多优秀的可视化版面，虽然大量留白，但是让人一眼看过就抓住了重点，短时间内就能够把握新闻精髓，也会取得较好的传播效果。

A08 时局 聚焦 2016年全国两会报道

全国政协会议开幕引爆网络舆论场，民生话题占据热词榜

代表委员唱响广东“好声音”

抓紧履职，释放正能量

“部长通道”为啥设？

“部长通道”长啥样？

开放首日部长说了啥？

揭秘“部长通道”

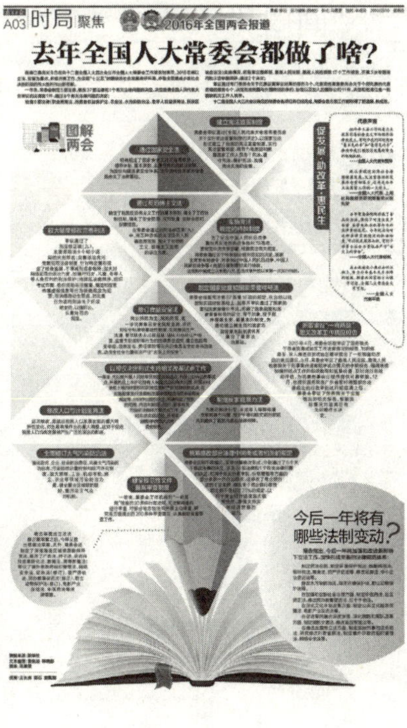
A03 时局 聚焦 2016年全国两会报道

去年全国人大常委会都做了啥？

图解两会

今后一年将有哪些法制变动？

二、数据含金量不够，会让图表先天不足

绝大多数可视化，都是围绕数据展开的。数据的价值决定了可视化作品的最终价值。如果图表所采用的数据，其计算或统计方式不恰当，将导致图表的价值大打折扣，甚至会造成误导。如果还根据自己的需要来任意选取数据，就会让图表失去了最基本的可信度。

在实际操作中，一些记者先写完稿件，再从稿件中随意复制一些数据提供给可视化工作。用这种数据做出的图表，很多无非是数字旁边加个 logo 图标，只是让版面有了些许点缀，却付出了牺牲简洁性的代价。比如有一些图表的制作过程是这样的：记者在稿子里写道“今年某某事件涉及多少多少人”，编辑就要求美编“把数字的字号加大，换个醒目的颜色，旁边放几个小人”……此种图表，实在不如没有。

还有一些数据，是发布机构有问题，造成前后矛盾。依据这种错误数据制作可视化图表时，进行简单的数学计算就能够发现问题。笔者曾经遇到，稿件作者晚上紧急电话称原来的数据有误，重新发了一组过来。新数据看起来没问题，但跟前几年的数据综合起来，就会发现完全对不上。

数据含金量不够的问题，严格来说不是可视化本身的问题，而是新闻题材和采访发掘深度的问题。一些报道停留在转述观点和简单描述见闻的层面，少有使用数学工具来分析大数据。采编人员有时被专业人士、行业人士牵着鼻子走，拿到一些数据没有能力分析和分辨，在进行可视化的时候自然难以做到判断准确，制作出的可视化图表也质量低劣。

对于这个问题，编辑必须提高自己对数据的敏感度、熟练掌握相关分析工具，才能实现真正的改进。

三、用虚拟团队来解决“采→编→设计”脱节的问题

目前多数报纸的可视化图表的制作基本都是采用分工式的流程：新闻编辑从记者处获取信息，加工提炼后传递给美编。这本是新闻专业化的操作方式，但遇到可视化这种较新的手段，还是出现了一些问题。

一个简单的道理是，既然是配合工作，就必然有配合不好的事例出现。在新闻可视化这种需要非常精密精细的工作中，配合不好就很容易出现问题。前面提到，即使是有丰富可视化经验的编辑，也有很大几率失手，原因就是由于分工问题，很多环节不是可控的。

有的记者在收集数据的时候，无法从编辑和美编的角度去思考问题，搜集到的很多数据是无用的，关键的数据却被忽略掉了。

有的美编很少关注新闻内容，也对数据缺乏理解，更少使用数据分析工具，把图表理解为画图，根据编辑的要求，单纯用手绘的方式来制作数据图表。

文字编辑，有的也对可视化工具了解不多，甚至对记者稿件所涉及的内容了解也不多，在跟记者沟通的时候，难以全面指导记者收集和整理数据，造成数据含金

新闻周刊 NEWS WEEKLY A11

血火叙利亚的参战者名单

直播广东

新闻周刊 NEWS WEEKLY A11

中央本级“三公”经费预算连续6年下降

不断壮大的中国卫星家族

量不高。

对于这种情况，目前南方日报比较有效的解决方案是虚拟团队制度。对某些领域题材感兴趣的记者、编辑、美编，组成相对固定的虚拟团队，经常就该领域的情况进行沟通。虚拟团队长期磨合，记者基本能够对版面设计情况心中有数，知道如何去搜集信息；编辑也对美编和记者的操作模式有更多了解，安排采访和提出设计建议时能够有的放矢；美编也会因为多次设计近似题材的版面而熟能生巧。

四、可视化效果必须服从于新闻规律

在可视化最开始流行的时候，很多老编辑都比较排斥。因为当时多数可视化图表都设计得非常复杂，信息元素非常细小，包括非常重要的数据。版面虽然很“炫”，想找到重要信息却很难。在报纸思维中，重要的信息永远是得到最优先安排的。所以当编辑们看到复杂的图表时，最直接的想法是：重要的信息在哪里？确实，从一个复杂图表中寻找到信息的难度，与在一篇5000字长文中寻找重要信息的难度不相上下，可能还尤有过之。

曾有编辑说：“我为什么认为报纸不会消失？一份报纸，我5分钟就看完了。重要的稿子在哪里、稿子里重要的部分在哪里、我需要的内容在哪里，我都很容易了解。某些重要内容的位置反映了什么重要信息，我也很快就发现了。5分钟内我能够获得的信息，在网络上、在手机上刷5个小时都未必能获得。”

这段评论虽然不是针对可视化图表，但在这里也非常有针对性。在报纸采编工作中，可视化是一种很好用的工具，但不是万能的工具。新闻编辑应该有自己的判断，根据报道内容量体裁衣来确定呈现形式。可视化只是一种呈现信息的手段，不能为了视觉效果而牺牲新闻信息的传播效率。

（作者系南方日报要闻部编辑）

21世纪经济报道“脱欧公投”新媒体直播点击创纪录的幕后

□李艳霞　赵燮莹

李艳霞

各方势力纷至沓来吵嚷了几年之后，谜底揭开的日子终于到来。6月23日，英国“脱欧公投”的日子到了。

这毫无疑问是当期最重大的国际新闻，如何统筹安排人手，充分发挥团队作战的力量？如何予以快捷深入的报道？这成了摆在海外部前面的课题。

在公投前一周的报社编委扩大会议上，海外部提出报道方案：“APP直播＋报纸专题”报道，App负责快速报道即时新闻，报纸负责解释新闻。编委会采纳了这个方案。

报纸的专题报道是轻车熟路，无论是编辑还是记者，都操作得比较顺手了，流程上更是成熟。而新媒体的专题直播很多之前没有参与过的同事还不熟悉，希望能通过此次直播，让部门的同事熟悉起来，强化意识，也是一次实战中的练兵。

此后，一方面专门与新媒体部门同事沟通，希望他们提前为直播做相应的安排；另一方面，在海外部的部门会议上，确定了人手安排：英国前线的新闻由驻伦敦记者师琰负责采写，驻北京记者和佳配合师琰，编译最新各方素材，提供给后方编辑部门；编辑辛灵负责统筹兼顾记者与新媒体部门的衔接，并做好信息的一审工作。新媒体部安排4位同事分两组轮流值班，负责直播的信息流更新工作，并监控网络的舆情和报道。

与此前的专题直播不同，“脱欧公投”专题直播持续时间长、参与人员较多——我数了数，工作群里有18位同事。好在面对重大新闻时，各环节的同事在紧张中都能忙而不乱，各守其位，顺畅对接，不至于在中间“掉链子”，最后达到了较好的传播效果。

事后统计，对英国“脱欧公投”的直播是21世纪采编团队整体的一次高效直播操作。21世纪经济报道的App搭建专题和图文直播，微博、微信、网站进行内容输出，共计发布相关稿件130篇，嵌入了3条独家拍摄制作的新闻视频，整体获得了非常不错的传播效果，全网点击突破300万，“两微一端”直播创下了报社直播点击量的新高。

值得一提的是，这次直播，除了运用了文字、照片、图表、漫画等报道方式外，还在直播中嵌入了自己记者拍摄的新闻视频，丰富了报道方式，这在21世纪经济报道的报道历史上也是首次。

以下是各环节一线采编“参战”人员的操作体会。

充分发挥微信工作群的信息中枢作用

海外部编辑 辛灵

在公投开始前一周，海外部总监李艳霞布置我作为此次直播的后方责任编辑。

这个角色在21世纪的采编架构中是要连接前方记者与后方新媒体同事的。直播前两天，我把伦敦前线记者师琰、北京配合的记者和佳，负责

App 发稿终审的总监和编委，以及在广州的新媒体部门同事等人拉到一个“脱欧公投直播”微信群里，方便即时沟通。在参与者天各一方、时差显著的情况下，这个工作微信群发挥了信息中枢的作用。

首先是确定直播时间。跟前方记者沟通后，了解到公投投票从伦敦时间 6 月 23 日早上 7 点开始，到晚上 10 点结束，24 日早上 7 点宣布结果。也就是从北京时间 6 月 23 日下午 2 点开始，到 24 日凌晨 5 点结束投票，24 日下午两点宣布投票结果。在公投结束到正式结果宣布前的 9 个小时里，是各个投票点的计票过程，各个点的票数会不断公布，关键区域的结果也随之不停出炉，因此在正式宣布之前，公投结果就会开始一步步浮现。

目前 21 世纪 App 发稿机制是记者发稿、编辑审稿、部门负责人（新闻总监或编委）终审。0 点以后，大家一般都休息了；新媒体部门据悉是从凌晨 5 点到晚上 12 点两班替换，0 点到 5 点这个时间段也无人值守。因此，如果直播在 0 点以后的话，那么前线海外记者发了稿，国内的后方同事需要通宵配合。而公投时间是国内的下午两点开始，一直进行到凌晨 5 点，那么从下午两点到晚 12 点这 7 个小时我们可以充分利用，0 点到 5 点看大家能否破例通宵合作。

新媒体同事提出凌晨 0 点到 5 点是阅读低谷，因此最终确定的方案是 23 日下午 2 点到晚 12 点全程直播，24 日 0 点到 5 点前线记者师琰紧盯动态，并将关键新闻按时间一条条写好，等新媒体同事 5 点上线统一发布。24 日 5 点正式结果宣布前后，密集发布票数统计动态。等结果宣布后，紧跟着做市场动态，以及各方反应、后续事宜以及各种分析等。

就文字直播来说，基本按计划执行了。23 日全天主要是师琰、和佳两位记者采写 App 稿，我来编辑，总监李艳霞、编委肖欣欣两位老师及时审核通过，同时我盯紧网上各渠道的信息，做到查缺补漏。21 的另一位编委晨星老师也对直播很关注，还贡献了英国各报纸关于公投的头版集锦。24 日凌晨 5 点前直到下午两点，各地票数统计结果一步步出炉，直播变得“惊心动魄”，甚至几秒钟一个消息滚动播出，那时恨不得自己手快些、再快些！不到预定的公布时间，最终结果就大白了，出乎意料地，结果是“脱欧”！全球市场大震，海外部总监李艳霞老师动员了几乎整个海外部的记者都加入进来，迅速采写发布股市、汇市、黄金、债市等各个市场的动态。

关于这次新媒体平台直播，我有一点感受，就是我们需要协调改进的空间还比较大。比如，视频频道刚开始运营，为了尝试更加多样化的报道方式，前线记者师琰在投票开始前，伦敦时间22日下午也就是北京时间23日凌晨，丢下家中发烧的孩子跑到伦敦街头抓人，采访他们的投票倾向和理由，录下了丰富的视频素材。这些视频因为时效所限，最好是在23日当天上线推出，在投票结果出来前效果最好。不过，由于后方视频编辑制作队伍还待完善，这些视频23日当天只翻译配字幕、剪辑制作出了很少一部分。更多的素材一直到24日傍晚才制作好了在视频频道上线。

虽然晚了3分钟，公投的震撼性结果还是抢了全网首发

驻伦敦记者　师琰

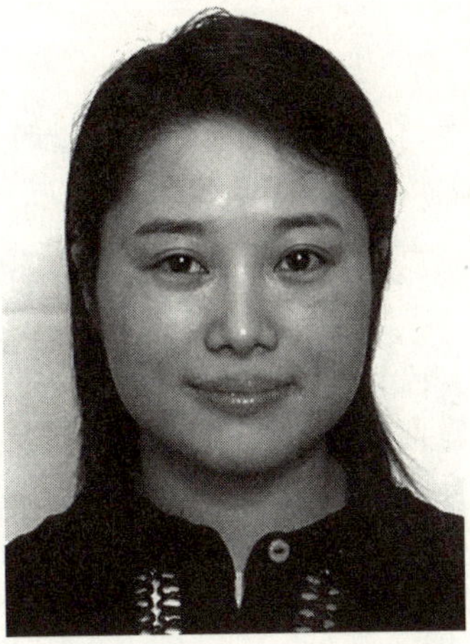

我是从6月22日开始投入到公投投票的报道工作的。头一天晚上，21世纪App视频频道的编辑韩迅找到我，希望我能去伦敦街头采访20个普通人，问他们支持留欧还是脱欧，用手机拍成视频素材。

我觉得这是个好主意，但真的是交代得太晚了（也不怪视频编辑，视频频道才刚成立）。怎么才能想办法完成这几乎不可能的任务？当时手上还有报纸的稿子要写，查了下活动通告，有关公投的公开辩论和宣讲活动也全都没有了（除了最后一晚的电视辩论），怎么办？上哪儿找人？关键是受访者还不能观点一边倒，就算我在大街上能随便拦到人采访，路人的脸上也没刻着留欧脱欧的标记啊。

我赶紧写完手头稿子，开始从之前参加各种公投“辩论会”时搜集到的一大堆名片中寻找能帮上忙的人，一一打电话过去，终于找到几个愿意出镜的好心人，约定他们下班后在伦敦最有标志性的议会大厦广场碰头。

匆忙赶到那儿一看，运气真不错！广场上正在举行纪念被枪杀的留欧派女议员乔·考克斯的民众自发活动。悼念结束后，我拿着手机就冲上去，尽

管有人婉拒采访，也有人不愿被录像，我还是人品爆发地找到并说服了十几个愿意对着我的手机镜头清晰阐明自己不同观点的男女老少，加上事先约好的几位采访对象，终于孤身一人超额完成我的首次视频采访任务。

回到家已是夜里 11 点，顾不上休息，先把视频素材一一传回去，国内已上班，跟同事们讨论接下来的工作，稍歇片刻，又要出门去拍投票站现场视频。

投票日当天，就在忙碌的采访和写稿中度过了。但真正的高潮，在当晚十点统计投票才开始。

完成国内合作电视台的直播连线，同事们心疼我已连续两天几乎未合眼，微信群里纷纷表示让我快去休息，由国内记者和佳负责直播各选区计票结果。但那时候各选区的计票结果公布速度正越来越快，消息井喷，脱欧、留欧票数咬得很紧，想到国内也正是早上手机阅读高峰期，还是一起干吧！争取国内第一时间！大家都很兴奋。

我们把最新战况和相关即时消息、现场图片不断发在专门组建的微信群里，由新媒体编辑在 App、微信公号和微博平台同步发布。海外部负责值班的编辑辛灵也放下手上其他事务，一起查看最新进展，为新媒体同事提供素材，协调彼此间的配合。

尽管这是海外部与新媒体团队第一次大规模直播合作，但大家相当有默契，干劲十足，因为直播内容及时、优质，我们的网络点击率很快一路上扬。

不过，毕竟是首次合作，彼此信任和工作方式都需要磨合。英国当地时间 6 月 24 日 4：48（北京时间 12：48），第 321 个选区宣布投票结果，脱欧阵营的优势扩大到近 100 万张选票，基本可以判断锁定胜局。我用最快的速度把文字发在群里，建议用大标题——《最终结果已明朗：英国投票脱离欧盟》。

但这个结果太震撼了，新媒体编辑在犹豫是否敢下这个判断，并未立刻发出这条消息，还在群里反复追问。辛灵一直在持续不断查看直播页面，发现这条重要信息迟迟没上，赶快一起催促新媒体编辑快点放出这条爆炸性消息。终于，这条信息在 4:51 出现在我们的直播页面，尽管晚了 3 分钟，所幸，我们居然还是抢到了全网首发。

既然结局已定，我们建议视频部门将之前拍摄的街头采访素材选取脱欧派的观点，制成一条新视频短片：英国民众对脱欧究竟怎么想的。这条普通人现身说法、短小精悍但观点颇具代表性的片子，也取得了很好的传播效果。

经过这次实战磨合，海外部与新媒体在未来大事件报道中的合作，肯定会越来越默契，不断创造新亮点。

兼顾直播的趣味性和连续性

驻北京记者 和佳

英国脱欧直播对我来说是一次非常难忘的经历。根据部门安排，在直播中我承担了发布图文消息的工作，主要是通过编译外媒消息与在英国伦敦的前方记者师琰的报道互相补充。

北京时间6月23日下午2点，英国“脱欧公投”正式开始，直播团队进入了紧张的工作状态。我的浏览器同时打开许多窗口，不断地刷新，密切关注外媒的动态。刚开始时新的消息并不是特别多，于是先发布了一些公投的背景信息，如投票规则、流程等。

投票当日“天气”成为一个左右形势的重要因素，无论是放晴还是下雨，都可能导致“留欧派”主力军——年轻人“任性”一把不去投票。当日的天气十分具有戏剧性，我重点关注了一些重要城市、地区的天气，如伦敦暴雨导致投票站被淹、格拉斯哥和直布罗陀阳光灿烂，并作了充分的图片展示。这是公投报道中第一个引发人们兴趣的点。

我的思路是尽可能多地展示细节、多提供一些有趣的新闻，如人们带着萌宠到投票站，使受众能通过直播感受现场气氛。此外，还发了很多背景知识、趣闻，比如女王能不能投票、盘点最奇葩的投票站、脱欧后《权力的游戏》等在英拍摄的美剧或受影响等。这些内容穿插在严肃的市场分析、投票动态中，有效调节了阅读节奏。

观察外媒直播时发现，大量的消息来自Twitter，无论是名人的，还是普通网友的，都是非常新鲜的新闻题材。在这一类内容上，我运用了多图短文的形式，传播效果较好。

在投票阶段时，政坛名人、各方领袖的投票动态是人们最关注的信息之一。头脑里有了这根弦，在看新闻时对这方面消息可以说非常“警觉”，基本做到了及时报道。比如，前伦敦市长Boris Johnson还没投票是因为正在参加女儿的毕业典礼。关注这些核心人物的动态，勤快地搜索，才能不遗漏重要信息。

投票当日直播一直持续到北京深夜，刚开始压力较大，渐渐掌握了技巧，开始对“什么样的信息和表现形式传播效果更好”心中有数，也为第二天上午计票的直播奠定了基础。

我们的直播从很多方面来看都非常成功。首先，直播团队第一时间对投票结果进行了公布。虽然我没有严格比较过，但本报是国内主流媒体中最早公布结果的媒体之一。这得益于前方记者师琰老师的经验判断，在最终结果尚未公布的情况下，她准确判断了形势。另外，这也是我们密切关注外媒动态的结果。

其次，我认为非常好的一点是保证了直播内容的丰富性、持续性，也就是说直播不“冷场”，总有新的消息补充上来，降低了读者抛弃这个直播阵地的可能性。刚开始投票时，我主要关注了BBC和《卫报》的直播，由于及时发现BBC对“公投”的直播受到英国政府的限制（为了减少公共广播对投票导向的影响），把重点放在了《卫报》的直播跟踪上，并时常用检索关键词查漏补缺。后来发现更多国际媒体对公投的报道也跟进上来，于是对他们的一些内容也进行了编译运用。

除了参考更多外媒消息来源，丰富的内容也是直播团队默契配合的结果。比如，后方的海外部值班编辑辛灵对资本市场反应、外交部发言等进行了补充报道。尤其是在公投结果公布之后，在部门总监李艳霞老师的统筹推动下，海外部分布在全球各地的所有记者都参与了后续的直播报道，如卡梅伦辞职、各国政府表态、世界各大央行的反应等。直播一直持续到24日晚，做到了有始有终，非常完整。

特别荣幸能够参与英国脱欧的直播，我们共同见证了跌宕起伏的两天，见证了重要的历史！这次直播经验给我的启发是，只有对新闻事件背景、人物关系、影响等有相当积累，做足功课，在直播时才会比较从容。

直播后方支持大有可为空间

新媒体编辑　梁宇芳　李剑华　谢珍　曾静娇

6月23日上午9点，新媒体组在后台搭建好英国脱欧直播App专题，

做好准备，开始更新预热。

前方记者陆续发来稿件和信息。将公投情况、市场反应、各方观点以及影响等及时发在微信直播工作群里，后方编辑负责将文字整理发布到直播平台。

除了实时发布记者发来的消息外，新媒体编辑也会兼顾专题的逻辑性与读者体验，包括跟进投票实时进展、市场反应、各方表态等等，也会注意多使用图片，方便阅读。

网络直播不能一直是播报硬邦邦的新闻，偶尔来点趣味性的也不错，比如章鱼哥预测“英国留欧”（虽然结果不准）。在此感谢前方的师琰老师与和佳同学提供了许多有故事性的素材。

同时，选重点进行 App 后台推送给用户和在微博同步更新，多次转发。

不仅如此，后方编辑还会根据最新票数变化，及时跟进到直播后台，更新数据：

另外，在英国进行公投前，我们就提前准备好一个策划：如果英国跟欧盟真离，他们的生活将是这样的（笑喷）。而在公投结果出来后，就将策划修改下及时推送。这已形成我们对预判重大热点事件操作的一个套路。

“脱欧公投”在微博端的传播效果也相当好。

在此前脱欧相关预热报道中，小编发现网友对这个话题讨论热情很高。

英脱欧公投在即，各报纸纷纷站队立场各异

伦敦时间6月23日早上7点，北京时间23日下午两点，英国脱欧公投即将开始！英国各大报纸昨天就纷纷站好队形，每份都像是用鸡血印刷了一样，充斥着各种“脱”和“不脱”的字眼，只有少数中立派，从封面就能感受到无声的硝烟，请看下图。

21世纪经济报道

6月24日 11:38 来自 微博 weibo.com

英国脱欧公投脱欧派领先，A股承压受挫。沪指午盘跌1.19%失守10日均线，深成指跌1.23%，创业板指跌1%，黄金珠宝概念股获避险资金流入，涨幅居前。

@21世纪经济报道

【直播丨英镑兑美元跌逾10%，跌破1.35，触及1985年来最低】周五英镑兑美元跌逾10%，跌破1.35，触及1985年来最低。最新投票结果显示，948万票支持退欧，898万票支持留欧，退欧阵营继续领先50万票。 网页链接

6月24日 11:12 来自 21经济网　　324 | 23 | 31

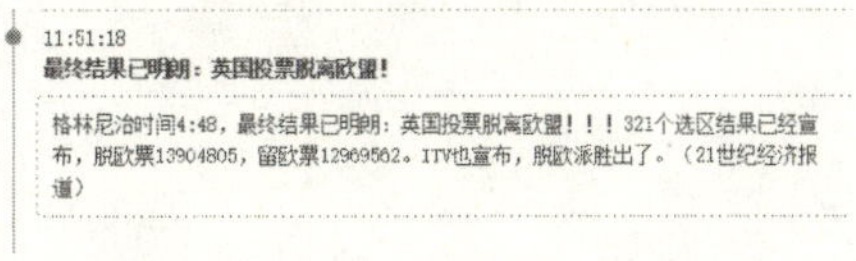
11:51:18
最终结果已明朗：英国投票脱离欧盟！

格林尼治时间4:48，最终结果已明朗：英国投票脱离欧盟！！！321个选区结果已经宣布，脱欧票13904805，留欧票12969562。ITV也宣布，脱欧派胜出了。（21世纪经济报道）

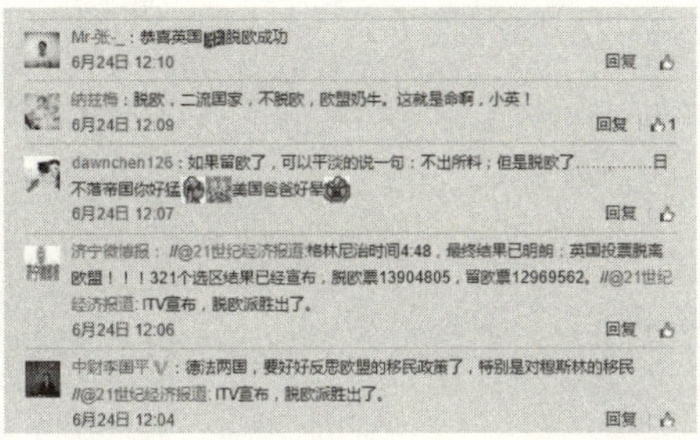
Mr-张-_：恭喜英国脱欧成功
6月24日 12:10 回复

纳拉布：脱欧，二流国家，不脱欧，欧盟奶牛。这就是命啊，小英！
6月24日 12:09 回复 1

dawnchen126：如果留欧了，可以平淡的说一句：不出所料；但是脱欧了…………日不落帝国你好猛美国爸爸好晕
6月24日 12:07 回复

济宁微博报：//@21世纪经济报道:格林尼治时间4:48，最终结果已明朗：英国投票脱离欧盟！！！321个选区结果已经宣布，脱欧票13904805，留欧票12969562。//@21世纪经济报道: ITV宣布，脱欧派胜出了。
6月24日 12:06 回复

中财李国平V：德法两国，要好好反思欧盟的移民政策了，特别是对穆斯林的移民//@21世纪经济报道: ITV宣布，脱欧派胜出了。
6月24日 12:04 回复

尤其是微博平台，因此这次直播新媒体特别重视微博平台的利用。

比如，左边这条信息为 21 世纪经济报道首发，新媒体编辑第一时间在 App、微博、网站多重渠道推送。

左下为微博中部分对上述消息的评论，网友们的评论很欢脱。从实操结果看，效果明显：微博累计阅读量超过 200 万，转发量超过 1500。

说句题外话：成功的背后是汗水。驻英国记者师琰老师为了跟好这个全世界关注的新闻，连续两天只睡了 3 个多小时。为了兼顾好视频报道，她在伦敦街头“街拍”21 位市民如何看待英国脱欧公投，相当不容易，敬佩！

一次将短视频融入新闻播报的成功尝试

视频编辑　韩迅

在传统的文字、图片播报以外，脱欧直播还嵌入了视频元素，一共发布了三段新闻视频：《21 伦敦直击：脱还是不脱，a big deal》《英格兰东南选民淡定面对脱欧公投》《21 世纪伦敦街头采访：民众对脱欧怎么看》。

在直播中加入视频的想法并非临时起意。在公投开始的前两天，视频工作组制定方案，确定了视频直播的三个方向，包括对现场投票概况的介绍、对现场投票民众的采访以及结果公布后人们对于脱欧的看法。三个层次的内容以线性时间为轴，依次演进。

事件发生地在海外，前方采访依靠

记者师琰在英国的“单兵作战”，由她负责用手机等设备拍摄好相关视频。同时，国内的同事也在监控视频的拍摄情况，及时给前线记者以反馈。例如，一开始记者是立着手机拍摄的，屏幕比较窄，我们便提醒她把手机横着拍，观感会更好，在整个过程中，前后方一直保持着密切的沟通。

依托一款叫做“移动直播台”的软件，拍摄好的素材被即时传送到了国内。因为此前整个团队已经分配好各自的任务，分工比较明确，如韩迅、曾婷芳负责统筹，王博负责翻译，陈东球负责剪辑工作，所以素材一拿到手，后方的同事便能马上反应，及时制作。

记者在前期录制了大量的素材。光是对现场投票民众的采访，师琰就采访了21 个人。在后期处理过程中，我们在时长和内容两方面对视频进行了整体把控。根据以往的经验，在移动传播中，三分钟以内的视频传播效果最好，因此我们也遵循这一规律对素材进行了取舍，并删掉了部分比较偏激极端的观点。海外部的同事也提出了一些比较好的点子。最后制作好出街的视频加起来约 15 分钟左右。

视频快速地帮助我们赢得了更多的读者。在直播当天，后台实时监测不断传来好消息，观看直播的人数一直在增加，视频点击量屡创新高。

总体来说，除了因为受访者英语口音带给翻译一定挑战以外，整个视频制作的过程比较顺利，达到了预期设想。最后从后台拿到的收视数据也让整个团

队感到非常振奋。这次对英国脱欧的直播和视频制作可以看作一次将短视频融入新闻播报的尝试成功案例。

在未来，这样一种播报方式会变得更加流行。一方面，短视频在传递现场感上有得天独厚的优势，能够弥补文字、图片播报的不足，甚至比专业摄影师扛着摄像机拍出来的视频效果还要好。另一方面，在移动终端播放的视频对清晰度的要求没有那么高，用手机等简易设备拍摄的视频足以满足读者们获取信息的要求。而且，它操作比较方便，在采访的时候，记者只需在肩膀、腰等部位装上手机拍摄，便能同时获取文字和视频两方面的采访素材。

（作者李艳霞系21世纪经济报道海外部新闻总监，赵燮莹系中山大学中文系学生）

6 天跑 4 省，我如何在车上完成对国家发改委的采访

□赵晓娜

赵晓娜

有过在京驻站经验的同行都有感触，远离总部，身在京城，采访时面临的竞争对手已经不局限于同城媒体，更多时候是同中央媒体的同台较量。在这种力量悬殊的角逐中，地方媒体驻京记者唯有付出更多，才能获得同行的尊重和采访对象的认可。

《特大镇改市，要变的不仅仅是名称——粤鲁江浙四省“中小城市培育试点”观察》一稿发表后，如释重负，也倍感轻松——这篇在大巴上完成采访的报道，来自各方的反馈都还不错。六天辗转四个省份八个特大镇，虽说辛苦，但收获颇丰，也为今后北京记者站工作提供了新的思路。

没有领导在的大巴是比座谈会更好的采访场地

2015 年年底，国家发改委召集几家媒体进行座谈，就新闻发布制度征询意见。当时，我就提出，国家发改委部分司局经常下基层调研，然后在网上发布新闻稿件，这种模式效果并不好。由于媒体没有参与调研，即使新闻稿发布，也是干瘪瘪的通稿内容。倒不如有合适机会，邀请媒体参与调研，这样既能提高记者对相关议题的认识，又能写出更有深度的稿件。

这个意见得到不少座谈同行的同意，并且最终反馈到了新闻办。6 月 23 日，国家发改委新闻办的杨老师发来通知：6 月 26 日—7 月 1 日，国

家发改委规划司将带队调研新生中小城市培育试点、特大镇扩权改革的情况。

行程十分紧凑。6 月 26 日晚到青岛入住，27 日到胶州市一个镇进行实地调研，并和市镇两级领导座谈；28 日一早驱车前往平度市南村镇调研和座谈，下午即乘飞机到深圳，并驱车前往东莞；29 日赴虎门镇、长安镇调研和座谈，晚上即乘飞机到浙江湖州；30 日早上同两个镇进行座谈和调研，晚上开拔到江苏苏州；7 月 1 日在盛泽、汾湖两镇进行实地调研和访谈。

我和《南方日报》深读版编辑商量后，认为这个选题值得深做，便立即报名，并马上组织材料分析工作。如何在如此紧凑的行程内，避免走马观花、获得足够多的料，写出深读味的稿子？这必将是一场与海量信息决斗的过程，如何从中寻找事件的本质是职业记者的必备技能。

一路走下来，整个调研团队几乎每天都在飞，其余时间不是在座谈调研，就是在车上。为了让记者们获得足够多的信息，每次辗转，带队调研的国家发改委规划司调研员王俊沣处长都把当地镇官拉上，同记者们乘坐同一辆大巴。

没有市、区领导在场，这些镇官思维更为活跃，也更敢大胆直言。我也明白，围坐在会议室的座谈只会带来官样文件，在没有“领导”在场的大巴车上，反而会获得更多的信息。因此，把握好同这些来自基层的“镇官”、来自顶层设计的国家发改委人士同车的时间，至关重要。

在车上一路向国家发改委人士求证核心问题

果不其然，调研团队第一站来到青岛的两个镇，当地政府介绍的都是大概面上的情况，比如用地指标短缺、财力比较匮乏、人员编制不足等等，而造成这一系列问题的核心则在于以扩权强镇为核心的特大镇改革面临放权不足的问题。

按理说，这些特大镇应该对改市工作非常支持，但当被问及当前面临的问题能够通过再一次放权来解决，还是更愿意一步到位设置为市时，这些镇级政府一把手都面露难色，左顾右盼，不置可否。

在调研时，我同当时陪同调研的青岛、胶州方面领导私下交谈，他们说，地方对于这些特大镇改市，主要的担心在于一些职责他们能不能接得住。现在镇级单位编制有限，对人才吸引力不足，如果简单下放，反而会造成一些问题。

不过，同样的问题我又在车上提问了国家发改委人士。他们告诉我，一来，特大镇是当地经济发展的龙头，如果切割出去，这些特大镇所在县区 GDP、财收的大部头都将被切割掉，有的县区甚至会变成贫困县；二来，如果特大镇如果从县区切割，官员们可能要承担来自当地居民的指责和骂名。这一解答解释了地方政府对于特大镇改市的那种抗拒又暧昧的态度。

凡事多问一句，总没坏处——这种想法也一直伴随在整个调研过程中，也让我收获更多。

结束青岛两镇的调研访谈，我们来到东莞的虎门和长安两镇。与上一站相比，虎门和长安的镇长们更具改革魄力。对于虎门、长安两镇，有观点认为应该撤镇设区，不过在镇长们看来，只有一步到位实现“镇改市”，才能解决特大镇发展遇到的瓶颈，“撤镇设区对我们意义不大。”

结束访谈后，在去往长安镇实地考察的路上，我提出问题：为何说撤镇设区意义不大？王俊沣处长笑笑说，这个事你可以以顺德、吴江比对一下，以“县级市”存在与“区”的存在，两个地方的经济在百强县中的排名就可以看出来了。

原来，区一级相当于市级的派驻机构，如果“撤县改区”或者“撤镇设区”，这些地方不仅得不到更多的政策关怀，就连此前有的一些自主权都没有了。以顺德为例，1992 年撤县建市，2003 年撤市设区，成为佛山市顺德区，顺德区 2000 年至 2003 年连续 4 年在中国百强县排名中位居榜首，撤县设区后，榜首的位置就拱手让与他人。

但在东莞两大镇，无论是撤镇改区还是

A13 深读
政经大视野
特大镇改市，要变的不仅仅是名称
——粤鲁江浙四省“中小城市培育试点”观察
水库又活过来了

撤镇设市，从省、市都没有明确说法和路径，期待国家给出明确的改革路径。那么，中央是如何设想的？顺着“镇官”们的思路，我把问题提给了一同调研的国家发改委规划司陈亚军副司长。

他告诉我说，从国家发改委的角度来看，是希望特大镇改市，完成“镇级市”的转变。为争取地方政府的支持，现在的思路是“省辖县管”，即把特大镇升级为镇级市后，直属省级，但管理仍交由区或者市来完成。

更加丰富的信息量成就屡获好评的稿件

国家发改委一位熟悉改革的进程的人士告诉我，现在新生中小城市培育是由发改委牵头去弄，里面涉及民政部的协调，比如设市标准的确立、人员编制的调动等。不过，民政部门对此事比较暧昧，给出的说辞是如果设立镇级市，将进一步增加行政层级，增加行政成本，与我国现行的简政放权大方针不一致。

“其实是互相推诿。”上述知情人士说，可以把小城市培育同特色小镇培育进行对比，特色小镇的推进就比较顺利，原因在于特色小镇是由国务院主导，各部委办将为特色小镇推进“开绿灯”，提供各种便利。

一路走下来，自觉收获颇丰。稍稍整理差旅困顿，便开始着手操作稿件。而正是因为“凡事多问一句”的习惯，让我获得了更多线索和头绪，积累了更多的素材，下笔更加流畅，不到半天便完成了这篇在大巴车上完成的采访。

稿件发布后，来自各方的评价还不错。报社内部评报说，稿件信息丰富，国家、省、市、镇各级都有发声，涉及政制、法律、财税、人事等多个领域，如此庞杂的信息都在一篇特稿中各安其位，全文条理清晰，观点平衡可观，“是一篇难得的深度好稿”。

来自国家发改委的评价是“写得非常好！”一句短短的评价，一周连轴转的旅途辛劳也一扫而光。王俊沣处长说，会将本次调研的媒体报道集结成册，呈送上级，并争取推动小城市培育试点再进一步。“第一个镇级市设立后，一定邀请你们过去参观，你们会是推动镇改市的‘功臣’。”

（作者系南方日报北京记者站副站长）

超越匠艺的写作

□卫毅

卫毅

一

美国社会学家理查德·桑内特把“匠艺活动”定义为“一种持久的、基本的人性冲动，是为了把事情做好而把事情做好的欲望。”可见，匠艺活动关注的是客观标准。

1945年，美国洛斯阿拉莫斯计划制造出了第一批原子弹。这是最早出现的大规模杀伤性武器。此计划的主持者罗伯特·奥本海默在日记里写过一段话：“每当看到某种技术上很诱人的东西，你会迎头赶上，把它做出来；只有等到成功以后，你才能够去争辩这种东西可以干什么用。原子弹的情况也是如此。”

这是匠艺活动的伦理学困境。奥本海默是个好的匠人，他造出了好的原子弹。匠人往往关心的是“怎么办”的问题,而“为什么”的问题会被忽视。

“为什么”需要价值观的引领。汉娜·阿伦特在《人的境况》中写道：“言论与行动……是人们出现——不是作为客观物体，而是作为活生生的人而出现——在彼此眼里的方式。这种出现和单纯的身体存在不同，它取决于人们的能动性；但如果缺乏这种能动性，人也就不再是人。”在她看来，“没有言论和行动的生命，对这个世界来说其实就是死的。”

桑内特认为有三种能力构成了匠艺活动的基础：定位、质疑和贯通的能力。第一种能力是让事物变得具体，第二种是思考其性状，第三种是扩展其意义。

桑内特和阿伦特的思考给了我很大的启发。我觉得，一个好的写作者应该在价值观上解决“为什么”的问题，然后在“怎么办”的实现途径上不断培养自己“定位、质疑和贯通的能力”。

结合自己的采访写作经验，我浅谈一下这几方面的思索。

二

杂志的选题会上所报的选题，需要提出者说出“为什么”。2015 年，我在选题上提出采写台湾作家陈若曦的想法。我说出“陈若曦”的名字时，许多人并不知道，这更需要说清楚“为什么”。这对我来说，则是思考了许多年的问题。

我仍能记得大学毕业前的一段日子。那时候，我几乎每天都会去中文系资料室，翻看几十年前的报纸复印件和港台版书籍。我当时认为，出了校门，想看到这些东西不太容易。

我的毕业论文原本是要写白先勇。虽然最后写的是别的题目，但相关资料看了不少。和白先勇一起办《现代文学》的台大外文系同学进入了我的视线。当我在资料室书架上发现好几部台湾版的陈若曦作品时，我几乎全都借来看了。她的经历让我吃惊。一个台湾人居然写了这么多关于“文革”的东西。就像她的大学同班同学王文兴说的，“海峡两岸当时没有几个人能做到这样的事情，能够跳进去，还能跳出来。”

大学毕业后，某些时候，我在书上碰到过陈若曦的名字。我会想，能够采访陈若曦那该多好。但只是想想而已，我似乎总是在为眼前的稿子疲于奔命。

2015 年 4 月，我去青岛参加路遥文学奖颁奖会。进会场前，我发现签名簿上竟然有陈若曦的签名，真令我喜出望外。

在陈若曦离开青岛的前一天，我第一次采访了她。采访从早上 9 点一直持续到晚上 8 点半。午饭和晚饭时间都一直在聊。我被她的讲述所吸引。能看出她是一个急性子的人，语速很快，话语的密度非常大，就像她的人生一样。一个在世界华人圈有那么多深刻经历的人，太难找了。比如说，“二二八”是台湾的痛，“文革”是大陆的痛，而她竟然都经历了，这样的人屈指可数。

从青岛回到北京后，我看了欧逸文的《野心时代》。这本书是以林毅夫的经历作为串联章节的线索。可见这位在1979年从金门游到厦门的原国民党军官对欧逸文的吸引力。我想到了陈若曦，她的经历比林毅夫还要传奇。她从台湾去美国，从美国经欧洲回到大陆，从大陆去香港，从香港去加拿大，从加拿大去美国，再从美国回到台湾。1961年，她从台湾去美国留学时，想着学成就回台湾。没想到的是，她绕了地球一大圈，时隔18年后才回到家乡。

陈若曦13岁时便成为受洗的基督徒，到美国后，向往社会主义，成为无神论者。后来，她对佛教充满兴趣，参与佛教活动，研究佛教，并写了两本关于现代佛教的小说，然而最终，她又回到了基督教。她在精神世界里也绕了一个圈。

在台北，我再次见到陈若曦时，是在基督教真理堂。接下来的十多天里，陈若曦带着我们从台北到南投到高雄，转了一大圈。这十多天是美妙的经历，令人有发自心底的愉悦。我想，和我同行的同事大食和小祥都有同感。陈若曦在台湾荒野保护协会有一个“自然名”：台湾栾树。此时，正是台湾栾树的花期，浓绿的树冠上，布满了粉色的花朵，温暖且充满活力。这就是陈若曦给人的感受。而当你忽然想起她这77年的经历时，更觉得她是多么不易。

陈若曦的作品里出现过好多次“桃花源”。她有一本书甚至就叫《寻找桃花源》。她一直在寻找桃花源，并且不断调整自己对于桃花源的理解。“桃花源”这个词可以用“伊甸园”“理想国”“乌托

邦”“大同世界”来代替。“从古至今书本中描写得美轮美奂的乌托邦真是不少，然而在历史上，人类的乌托邦真正存在过吗？”这是白先勇的疑问，也是我的疑问。

至少现在的台湾是陈若曦希望参与打造的桃花源。“台湾并不完美，所以需要我们去努力，让她变得更好。”她是一个“起而行”的人，对国家和社会知无不言，言无不尽。她认为，这是一个知识分子的责任。

三

《南方人物周刊》的许多读者是知识分子。从广义上来说，记者是知识分子。以知识分子的视角看待你的采访对象，才能够提供有知识分子气质的文本。特别是在大家不太能联想起“知识分子”之处。

电影《太平轮》上映之前，我获得了采访导演吴宇森的机会。很难想象，一个1980年代前期出生的人会没有看过吴宇森的电影。《英雄本色》《喋血双雄》《纵横四海》和《地道战》《地雷战》《西游记》《红楼梦》《变形金刚》《圣斗士星矢》混杂在一起，是一个80后影像记忆的标配。

我至今仍能清晰地记得自己读小学时，从家乡县城的广播站看了《纵横四海》之后的感受。我一直想着怎么学习周润发和张国荣在古堡里的空中接力。《喋血双雄》的结尾，双目失明的周润发和叶倩文在地上爬着，彼此寻找，真是让人心痛。吴宇森电影里的女主角经常会被忽略，叶倩文似乎是个例外，她当时多红啊，满大街不舍昼夜地在播放《潇洒走一回》，至今我再没发现有哪一首歌的传播程度可以超过此歌。

吴宇森的电影里也有许多好听的歌。所以，当我在构思文章结构的时候，决定用电影里的歌曲作为串接的线索，相当于给文章配上了音乐。

当吴宇森坐在我的面前说话的时候，记忆中的场景一个个飘回来了。他极其详细地给我讲述了那些场景都是怎么拍出来的。我的鸡皮疙瘩起来了。这些是你记忆中印象深刻的部分，记忆的制造者如今就在眼前。

正因为大家都太熟悉吴宇森，该如何写出新意呢?

准备采访的时候，我把当年的电影都看了一遍，看到了许多以前未曾看到的东西，似乎一部电影也在成长，人真是在什么年龄想什么事。

我看到到吴宇森写过，对他产生影响的有：三国、老庄、柏拉图、存在主义、圣经、孙中山……我在查资料的时候发现，吴宇森接受采访虽然多，但是谈及他思想来源的内容极其少。我不知道是什么原因，可能之前采访他的媒体都不太关心这些吧。这倒是我非常感兴趣的地方。电影场景是一个人头脑中思想的体现。这之间的联系是怎样的呢？所以，对场景拍摄的详细描述和对思想来源的剖析是我们对话的主要内容。

吴宇森电影被认为是浅显的，我倒认为这是大多数人想得不够深刻。吴宇森作为知识分子的一面在很多时候被忽视或者弱化了。大家想当然地定义了一位“商业片导演”。一个喜欢梅尔维尔、特吕弗、黑泽明的导演会只想着经济收益？吴宇森的作者性是怎么注入商业电影的，他试图表达的核心意义是什么？这是我所关心的。

我写吴宇森的文章里，有电影的层面，有人生的层面，有思想的层面。内在的线索是“情”。吴宇森的电影主要就是讲“情”：友情、亲情、爱情。“情”是吴宇森电影的最高法则。我由此想到李泽厚所说的“情本体”，还想到了王德威所做的中国文学抒情传统的研究。这为我的思考提供了理论基础。

张国荣的《当年情》是我在 KTV 里经常唱的歌。这是《英雄本色》的主题曲。用这首歌做标题，再合适不过了。当我想到这一点时，很是兴奋。

《喋血双雄》里，周润发对朱江说：“这个世界变了，我和你都不再适合这个江湖，因为我们太念旧。”我离听到这句话的时候，已经过去二十多年了。这个世界比任何时候变得都快，大家以身段灵活而自矜：看，我多么能适应这个世界。当你沉下心来细想时，也许那些不变的部分，才弥足珍惜。吴宇森的电影提供了这样的思考机会。

四

小时候，有一则电视广告打动过我。火车驶过，周润发回到故地，穿街过巷，寻找失散的恋人。画面切入记忆，姑娘一身科班戏服，在台上转动身姿。京剧唱腔响起："串串相思，藏在心里，相爱永不渝，忘不了你。"接着是周润发的画外音："如果说，人生的离合是一场戏，那么，百年的缘分更是早有安排。"

如此杰出的商业广告接近罗兰·巴特所言——商业动机不是被掩饰，而是被放大与人类的宏大叙事相结合，通过符号来激活人类的整体性的经验。

这则广告是一个"百年故事"。"百年故事"是一种个人经验与宏大叙事结合得最紧密的类型故事。中国最伟大的电影《活着》《霸王别姬》都是"百年故事"。伟大的小说《百年孤独》干脆以"百年"命名。

过去的一百年，是人类历史上最为激荡的一百年，是"千年未有之变局"。对中国来说，这一百年的激荡程度又超过了其他任何一个国家。

2011年，我采访了史学教授张灏。他说，中国的激进主义必须从1895年谈起，才能了解这是怎么来的。几个月后，我采访了《太平轮一九四九》的作者张典婉。她说，要了解台湾，就要了解1895年。1895年之后，中国开始了"转型"。这一百多年来的故事大都是"转型"的故事，一直延续到现在。

1993年，我开始读初中。那时候的初中生，爱好文学的人很多。班上最多人看的小说有《平凡的世界》《白鹿原》《废都》。这恰好是陕西当代最为知名的三位作家的作品。彼时的阅读并不自觉，无外乎是跟着时代的风潮而行，每个人能读到何种程度，也未可知。甚至是二十多年后，此时之人才更明了当年身处的现实。比如，同学们所读的小说，大都是从一家民营书店购得。这是一家新开张不久的书店，生意很好。我们当时并没有意识到1992年对于私营业主的意义。我们只是觉得，可以在新华书店以外的地方以更低的价格买到自己想要看的书了。

1992年以后，中国再次置身于转型的轨道。《平凡的世界》《白鹿原》《废都》书写的都是时代的转型，只是年代不同罢了。《废都》就是眼皮之下的事情，《平凡的世界》是20世纪七八十年代的中国，《白鹿原》最为久远，从清末直到1950年代初。

《白鹿原》也最为深厚，当时读得是模模糊糊。而当电影《白鹿原》

在2012年上映，我为了给本刊写封面报道，重新细读之后，震撼加倍。公映的电影对于原著的表现差之甚远。

2016年初，西安的同学来京，邀我去看陕西人艺版的话剧《白鹿原》。结束时，全场掌声雷动。观众里有许多读过《白鹿原》的人，他们欣喜于这部话剧对原著的还原程度。一位朋友听我介绍之后，专门去看了已巡演到天津的此版《白鹿原》。

《白鹿原》的还原程度一直受到尺度的限制。《白鹿原》当年参评茅盾文学奖，评委们将评选推迟了一年，为的就是这部小说尺度的问题。既然尺度有问题，那不评不就得了？但是，大家都知道，这是一部会载入文学史的作品。漏了这部作品，会被后人笑话。

事实证明，《白鹿原》是茅盾文学奖小说里为数不多的能一直被读者记住的作品。所以，陈忠实的去世，勾起了许多人对于《白鹿原》的回忆。

因为我写过电影《白鹿原》，陈忠实去世当天，编辑马上找到我，想让我写一篇陈忠实的逝者报道。我在准备写的时候，觉得很难下笔，关于陈忠实和《白鹿原》可以写的东西太多。我想写一篇更长的文章。

我来到了西安，去了很多地方，见到了很多人，聊了关于陈忠实的许多话题。我觉得，最可以集中体现陈忠实与周遭关系的是灵堂和殡仪馆。一场葬礼，包含的内容太多。

我又想起了初中时代的阅读。我那时候看过茅盾的《子夜》，印象最深的就

是对于葬礼上各种人物的描写。大学时看的电影《一一》，最后的葬礼是收拢剧情的重头戏。而自己从小到大经历的各种葬礼，也都能看到日常之外的那部分世界。

《陈忠实的葬礼》写的就是陈忠实愿意接受、不得不接受和半迁半就接受的各部分世界。熟悉陈忠实的邢小利说："他（陈忠实）对历史的认识是模糊的，对现实的态度是暧昧的。但是，作为一个作家已经很难了。正是他的很多复杂的东西，体现了历史的很多斑斑点点。你把他打磨地太干净了，反而不丰富了。"

陈忠实的葬礼仿佛一个点，由此往横向纵向辐射开去，每条线上都能串起许多人和事，我们从这些扩散开去的光谱里，看到的是一个正在不断被解释的转型时代。

五

用桑内特的匠艺活动理论作类比，以上讲的更多是"定位"和"质疑"的能力，最难的也许是"贯通"的能力，我们在文本上如何"扩展其意义"？

"北戴河碱业工人读书会"曾经是风靡一时的微信公号。最早让我对"北戴河碱业工人读书会"产生兴趣的是那篇《北碱是什么？》。文中对"北碱"的定义多达几十种。从这些天外飞仙般的定义就可以看出，作者拥有惊人的知识面和想象力。

同事和实习同学付出努力，把深藏幕后的"北碱"成员请到了本刊组织的一次新媒体讨论会上。在那之后，我与"北碱"多次接触，聊得挺深入，彼此趣味也都相似，特别是在文学和历史的认识上。

在这个过程中，我冒出想法，希望把这篇文章写得虚实结合。所谓"虚"就是引入文学作品内容。从"北碱"成员喜欢的作品可以看出他们的品味和性情。"实"自然就是历史和现实了。那这还是非虚构写作吗？当然是，所有的文字都基于事实，只是借鉴了虚构写作的手法。受访者所要求的化名，增强了这种亦幻亦真的氛围。

《北戴河碱业工人简史》隐含的一个"潜文本"是人类精神受禁锢的历史。"北戴河碱业工人"其实就是王小波小说《2010》里的劳改犯，他们每天的任务是砸碱。"北碱"可视作"禁锢"一词的代称，肉体的或是精神的，最重要的是精神的。

如何应对这样的"禁锢"呢？与"禁锢"相对应的是"自由"。《肖申克的救赎》里有一句台词："有些鸟注定是不会被关在笼子里的，它们的每一片羽毛都闪耀着自由的光辉。”所以，清晨劳作之后，仅仅是看着同伴们喝冰镇啤酒，也能让“犯人”安迪感觉自己是自由人。然而，卢梭在《社会契约论》的开头说：“人生而自由，却无往不在枷锁之中。”这是人的困境，只是不同时代的情形不同罢了。罗马帝国时期，基督徒要躲避宗教迫害。苏联时期，老百姓要低声耳语，因言获罪是常事。发达工业社会同样如此，威权主义与消费主义把人变成了马尔库塞所说的“单向度的人”。人们沉溺在历史感消失的泥沼中而不自知，就如同“北碱”写的小说《濑户内海》里那些被抛弃在现实空间的人一样。汉娜·阿伦特在《过去与未来之间》中写道：“我们处在忘记过去的危险中，而且这样一种遗忘，更别说忘却的内容本身，意味着我们丧失了自身的一个向度，一个在人类存在方面纵深的向度。因为记忆和纵深是同一的，或者说，除非经由记忆之路，人不能达到纵深。”

我也许想得太多了，这只是短短的一篇文章，蜻蜓点水地掠过几处历史的水面而已，但这仍然是我想要做的，写一部含义丰富的“简史”。

《北戴河碱业工人简史》的标题借鉴了柳薇卡的小说《乌克兰拖拉机简史》，这是那种你看了书名就想读的小说，相似的还有波西格的《禅与摩托车维修技术》。

既然想到了“史”，我希望比柳薇卡更进一步，让整篇文章的每一部分都有“史”的样子。我想到了米沃什的《米沃什辞典》、韩少功的《马桥词典》，但辞典是没有时间顺序的。阎连科的《炸裂志》是地方志结构，这大概最接近我在结构上的想法。意义在结构之中。

要写“史”，时间顺序从古到今，而每部分内容之间又有各自逻辑，需要两者的结合，自然而不生硬。这是个问题，最后的处理还算顺利。

这就是《北戴河碱业工人简史》的由来。托克维尔说：“当过去不再照耀未来，人的心灵就会茫然地游荡。”从古到今，这样的游荡无处不在，不知始时，未见终了。即便是游荡，也应该少一些茫然——至少我是这样想的。

（作者系南方人物周刊采访总监）

信息的个性化推荐

□郭全中

郭全中

纵观人类传播史，每一次技术变革都带来信息量的快速增加，尤其是以互联网为代表的第四次传播革命把我们带入信息过载时代，而要解决信息过载难题就需要发展全新的推荐技术，而基于互联网、大数据和机器学习技术的个性化推荐就是较好的解决办法。

一、信息推荐方式演进

从传统媒体到社交媒体再到智能媒体，其背景是信息数量的高速增长，为了给用户提供更好的信息服务体验，就要求信息推荐方式适应新形势而不断进化。

1. 传统媒体时代由媒体推荐

随着信息数量的增加，传统媒体时代也从大众传播时代演进到分众传播时代。

首先，在大众传播时代。信息数量相对较少，受众规模和范围都较小；传统媒体采取的是一点对多点的大众传播方式，信息节点高度中心化；信息推荐由传统媒体主导，传统媒体按照其定位、价值观和编辑方针为受众推荐其认为符合受众需求的信息，本质是精英主导式的推荐。典型代表是

20世纪80年代的CCTV和《人民日报》等各级党报。

其次，在分众传播时代。信息数量大大增加但未到信息过载程度，受众规模和范围大范围增大；传统媒体采取的依然是一点对多点的传播方式，信息节点高度中心化；信息推荐由传统媒体负责，本质是精英主导；为了适应受众分众化趋势，一方面传统报刊创办都市类、财经类、时尚类、科技类、娱乐类报刊，厚报则采取分叠方式；另一方面传统电视则开办财经、娱乐、体育、电影等频道。

2. 在社交媒体时代由社交关系推荐

随着Twitter、Facebook、微博、微信等社交媒体的兴起，信息数量急剧增加，我们进入信息过载时代；用户覆盖了一半以上的人群，根据CNNIC的最新数据显示，截至2015年底，我国网民数达到6.88亿户，普及率首次超过50%，达到50.3%，手机网民数为6.20亿户，渗透率90.1%；社交媒体采取的是多点对多点、链式、病毒式的传播方式，信息节点相对分散；信息推荐由居于分中心的核心人士主导，是一种相对平民化的推荐方式。由于处于分中心的核心人士远远超过传统媒体的数量，在信息过载程度不是很严重的情况下，能够较好地解决信息过载问题。但是随着信息过载程度的进一步加深以及微博、微信等社交媒体越来越重，这种核心人士为主导的推荐方式也难以有效解决信息过载问题。在国际范围内，Facebook、Twitter、微信和微博是社交关系推荐的典范，优势很突出，但劣势也很明显，主要表现为过载的社交关系圈也难以找到有价值的信息。

3. 在个性化推荐时代利用算法推荐

随着信息数量的继续高速增长，我们已经进入泽字节时代，2013我国的数据量为0.8泽字节，而预计到2020年将达到16泽字节，这也意味着我们已经进入信息严重过载时代，其表现是我们每日都陷于信息的汪洋大海中而无法获取真正满足我们需求的信息，即“多就是少”。在当前信息严重过载的时代，互联网用户占比较高，且绝大多数年轻人成为手机网民；个性化推荐采取的是点对点的传播方式，分布式传播、无中心；个性化推荐由机器主导，是一种高度平民化的推荐方式。个性化推荐方式通过机器算法根据用户的需求实现了信息和用户需求的智能化匹配，很够有效地解决信息严重过载难题。目前，在国际范围内，Youtube、今日头条是个性化推荐的典范，此后出现的印度的Dailyhunt、日本的

SmartNews、印尼的 Babe 和土耳其的 GÜNDEM 都是采取的今日头条的解决方案。

综上所述，媒体推荐、社交关系推荐和算法推荐的区别见表 1。

表 1　三种推荐方式比较表

时代	信息数量	用户数量	传播方式	中心程度	推荐方式	本质特征
大众传播时代	少	少	一点对多点	高度中心化	媒体推荐	精英主导
分众传播时代	相对少	相对少	一点对多点	高度中心化	媒体推荐	精英主导
社交媒体时代	信息过载	多	多点对多点	分中心	社交关系推荐	相对平民化
个性化推荐	信息严重过载	很多	点对点	无中心	算法推荐	高度平民化

二、个性化推荐原理及构建

1. 基本原理

个性化推荐的目标是解决信息过载情况下的信息与用户个性化、定制化、精准化的信息需求之间的智能化匹配，而关键则是搭建基于大数据的三大平台。具体见图 1。

首先，打造内容丰富、形态多样的内容平台。在该平台上，云集着各式各样的信息，既有文字的，又有音频和视频的，并能实现信息的分类筛选、摘编和深度加工。内容平台一方面是开放的，既能对接各种自媒体平台和小型机构媒体，又能通过各类媒介进行传播，另一方面能够利用大数据技术对内容打标签，以更准确地定义内容。

其次，打造技术先进的大数据信息资源平台。在该平台上能够利用数据挖掘和分析等技术和方式，通过对用户在互联网的行为进行长期的、系统跟踪和分析，实现对读者和受众个性化需求的准确定位和把握，其核心在于用户画像。

最后，能够通过技术手段低成本地实现信息和受众个性化、定制化的需求之间实现智能化匹配，并能通过各种支付手段，实现智能化信息的收费。

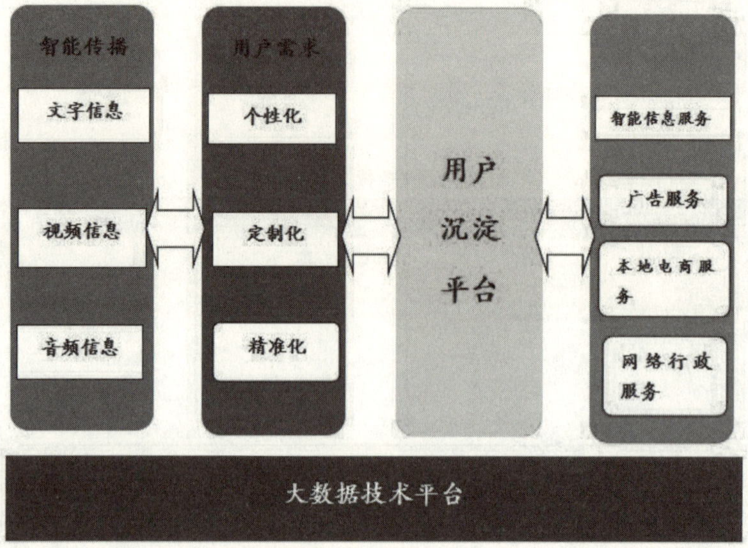

图 1　信息智能匹配图

2. 具体构建

个性化推荐除了要搭建上述三大平台之外，核心在于根据用户特征、场景和文章特征做个性化推荐，每一个用户的推荐内容都不同，实现真正的千人千面。当然，不同于传统媒体的是，今日头条等智能传播平台自身不生产内容，是数据创作平台和分发平台，一方面，作为个性化推荐引擎，重点在于实现内容和用户需求的更好匹配和分发，另一方面作为数据创作平台，今日头条每天有 75% 以上的内容来自《今日头条》的创作平台。

首先，在用户画像方面，可以根据用户短期的点击、转发和评论行为来给用户按照兴趣、职业、年龄、终端、地域分布、兴趣和情感倾向等特征对用户进行画像，进而分析出用户喜欢什么类型的文章、最喜欢文章里的什么关键词、关注你的人还喜欢什么内容等等。

其次，分析场景特征。个性化推荐除了考虑用户的个人特征，也要考虑用户所处的场景，早上应该多推送与工作相关的信息，中午可以多推荐一些餐饮信息，晚饭后则可以推荐幽默、搞笑视频。当然，在进行个性化推荐时，也应该分析用户是否在 WiFi 环境下，如果没有 WiFi，则应多推荐耗费流量不大的图文，而如果有 WiFi，则可以多推荐耗费流量大的音视频。

最后，分析文章的特征。重点分析文章中有什么主题词，有什么重要标签，文章热度、时效性和相似性等。

通过分析用户的个性化特征，结合特定的场景，给每一个用户推荐满足其需求的文章，这样就能够吸引用户留存下来，并提升用户的忠诚度。

3. 个性化推荐应实现实现数据部和业务部有效的混通

在混的方面，数据部要和业务部的混在一起，唯有混在一起，才有可能通；在通的方面，带着业务问题看数据或者带着数据来看业务员。业务问题和数据问题之间的“通”，部门数据和部门数据之间的交叉。例如，今日头条有专业的内容运营团队，其中有不少人有传统媒体的工作经验，他们会帮助算法去发现、判断内容的价值。今日头条通过数据部、业务部之间互联互通，在发挥人的智慧和品位的基础上，寻找算法和人工之间的最佳结合点。

三、关于个性化推荐的误解

当前，不少传媒人并不了解个性化推荐技术，但就凭自己的想当然给个性化推荐技术盖棺定论，认为其会造成知识窄化、低俗化和不准确等问题，但如果认真分析个性化推荐技术，就能发现这些判断是误解。

1. 知识窄化

所谓知识窄化，是指人们的知识在某一方面或某一方向高度集中，导致知识面越来越收缩。知识窄化并不是一个新名词，当年微博刚刚兴起时，不少专家就忧心忡忡地认为微博会导致用户的知识窄化；而当微信出现时，专家们不再指责微博，转而忧心忡忡地担心微信；现在当今日头条等个性化推荐应用出现之后，指责又一股脑地涌向个性化推荐应用。虽然我们没有研究过古时候信息量快速增加时专家们的反应，但可以推测一定会有不少专家在忧心忡忡地担心知识窄化，正可谓阳光之下无新鲜事，只是新一代批评家替代了旧批评家。那么如何看待知识窄化现象呢？

首先，不是知识窄化，而是信息爆炸。正如上文所述，人类发展史本身就是一个信息加速爆炸的过程。当然，随着知识和信息量的快速发展，由于人的认知能力有限，知识自然会越来越专业化，亚里士多德等古代学术大师多是横跨多个领域的大师，而当今世界却难以出现这样学贯中西、横跨若干领域的学术大师，当然未来会更难出现这样的大师。但是从另外一个角度来看，现在的普通人掌握的各领域的知识量并不比大师少，古代横跨多领域的学术大师在今天只能是我们之间的普通人。因此，所谓的知识窄化的根本原因并不是社交关系、个性化推荐等新技术导致的，而是信息爆炸引起的专业化所导致的。

其次，个性化推荐能够较好地解决知识窄化现象。当前，很多专家担心个性化推荐导致的“知识窄化”，主要表现为认为个性化推荐根据用户的需求而只给用户推荐其感兴趣的内容，其实这是完全的误解，个性化推荐可以通过如下三种方式来解决这个难题；一是个性化推荐可以利用机器学习技术来建立起用户成长模型，除了根据用户的需求来推荐其最感兴趣的信息之外，还会给他推荐一些目前不在其需求之内的信息，当其对其感兴趣点击阅读时自然就会进入此后的推荐范围内，同时并根据用户的年龄、专业等变化来适时扩大推荐范围；二是根据用户的社交关系的需求来扩大对用户的推荐范围，每一个用户的信息需求和朋友圈等社交关系的需求有高度的一致性，个性化推荐通过分析用户的朋友圈社交关系的需求来完善给用户推荐的内容；三是用户根据兴趣进行订阅。在个性化推荐的同时，用户也可以对相关内容进行订阅，以实现机器和用户的良性互动。

2. 低俗化

首先，个性化推荐内容并不低俗。现在很多传统媒体及其精英们常常批判今日头条等个性化推荐的内容太低俗，事实并不如此，原因在于：一是每一个人的信息需求都是多样化的，既有高雅的信息需求，也有八卦的需求。只不过知识精英们在面对大众时，更愿意包装自己而不把最真实的自己显露出来，但是在机器面前一切都无从隐藏。如果知识精英们没有点击相关内容，个性化推荐技术就不可能给他们推荐相关内容；二是个性化推荐的用户量很大，目标是千人千面，自然不能完全按照精英们的需求进行推荐。例如今日头条的用户量高达 4.7 亿，不同层次用户的信息需求自然是不同的。那么给用户推荐什么样的内容更有利于用户的成长呢？毫无疑问是基于用户需求并稍高于用户需求的内容，如果给所有用户都按照知识精英的需求标准去推荐，必然会出现把阳春白雪推荐给下里巴人的尴尬，用户不仅不买账还会抛弃你。从整体来讲，是让低层次的人没有内容可以消费还是给他们适当的内容更好呢？毫无疑问是后者，只有激起用户的学习激情，发挥其积极性、主动性，才能真正有利于其成长。

其次，个性化推荐的本质更互联网化。互联网的商业模式是“免费 + 收费”，即在先圈用户的基础上再通过增值服务来实现自身的盈利。互联网化的主要表现就是以用户为中心，占领尽可能多的用户。今日头条的自身定位就是满足尽可能多的用户信息需求，由于我国的社会发展极不平衡，屌丝占了绝大多数，今日头条的用户结构中自然屌丝占绝大多数。从互联网的发展实践来讲，能够打造平台的从来都是基于最广泛用户的，如果淘宝当初只为高端人群的交易服务，怎么会有后来的阿里帝国呢？如果腾讯只为高端人群的交流服务，怎么会有后来的腾讯帝国呢？只有为更广泛的人群服务的平台才可能打造真正的帝国。

3. 不准确

首先，真正了解用户需求也需要一个过程。正如超一流的销售员不可能一眼就能看准用户的需求一样，正如每一个媒体都需要一段时间的完善、调整风格才能稳定下来一样，个性化推荐也需要对用户消费行为的长时间跟踪才能真正了解用户的需求，也才能真正给用户推荐更为准确的信息。

二是机器学习等新技术能够更准确地推荐。大数据和人工智能的技术还在快速发展中，基于机器学习的个性化推荐作为一个生命体，自己也在成长，相信不远的未来，人工智能一定能够给予我们更精准的信息需求，无论你是屌丝还是精英。

（作者系国家行政学院社会和文化教研部高级经济师、管理学博士）

从消费符码解构看明星真人秀传播
——以《奔跑吧兄弟》为例

□申婉婷　黄学佳

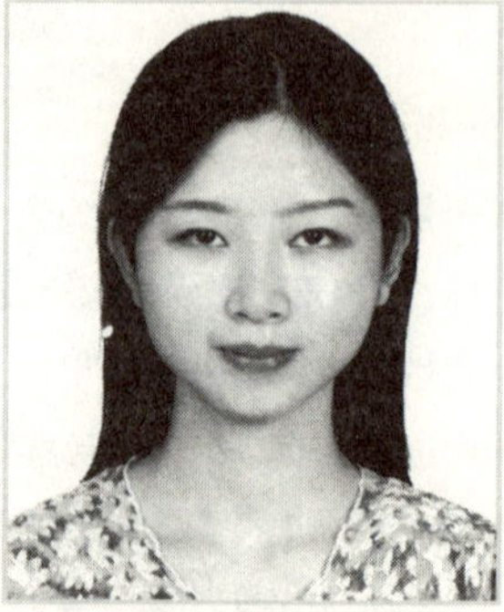

申婉婷

近年来，平民选秀让位于明星真人秀。比如《爸爸去哪儿》《我是歌手》和《奔跑吧兄弟》，明星真人秀的风潮获得了井喷式的爆发和成长。真人秀的焦点从草根民众渐渐回归至褪出光鲜外壳的名人，其表现的主旨已不再是“普通”人，而是公众明星“普通”的一面。在平民选秀时期，观众期待的是通过上电视的普通民众来宣泄自己的表达欲望，强调个体的主体地位。而在明星真人秀时期，观众期待的则是将高高在上的明星拉回实际生活情境中，暴露其作为普通人的本来面目。这是一种对明星消费的全新形式，在多元化的媒介语境里，每一个个体都是中心，每一个个体也都是普通人，对地位和阶层的逆转和由此带来的反差性戏剧效果，最能够给观众带来新鲜感和满足感。

明星是通过包装和选择性展示的相对完美的个体，明星的形象可以说是被符号化的理想对象。符号是被认为是携带意义的感知，符号学作为一种方法，可以研究一切被用来传播的东西，比如文字、声音、图像等。法国符号学家罗兰·巴特以玫瑰为例来比喻符号的作用，一般情况下玫瑰就是一朵花，但一位年轻男子将它送给爱慕的女子，那么它就成为一个符号，代表着浪漫和爱情，而这种符号的意义是被双方所认可的。本文试图以符号学来分析明星真人秀节目中的因素，希望更精确地描述真人秀节目的运作，深化受众对电视文化和符号传播的认知。

符号解构明星消费：偶像符号实为“拟态真实”

索绪尔说过：“符号是由能指和所指两个因素构成的，符号是指能指和所指相联结所产生的整体。”一个符号具有三个基本特征：它必须有某种物质形式、它必须指自身之外的某种东西、它必须被人们作为某种符号使用与承认。明星作为一种符号，是能指和所指结合产生意义的一个整体，《奔跑吧兄弟》作为一档明星众多的综艺节目，存在着大量的能指和所指符号。国内知名符号学研究者赵毅衡把符号学定义为“关于意义活动的学说”，并给出了符号的定义，即“符号是被认为携带意义的感知：意义必须用符号才能表达，符号的用途是表达意义。反过来说，没有意义可以不用符号表达，也没有不表达意义的符号。”

明星真人秀节目的能指包括明星的身体符号、身份符号及其所附有的符号意义。《奔跑吧兄弟》中，参加真人秀的明星是来自各个领域的知名艺人，本身就有很强的符号价值，比如王祖蓝一向以搞怪和表情丰富的形象示人，陈赫延续喜剧里的轻浮角色性格。在节目中，随着对角色印象的强化，明星逐渐拥有了符合他们能指符号的外号，邓超被叫做“邓骆驼”，李晨是“大黑牛”，郑恺是“小猎豹”，王祖蓝自嘲为“捡漏王”，等等，这些外号让明星的形象和性格更加立体，也让节目的元素更加丰富多彩。所指是作为真人秀的综艺节目所赋予的符号意义，本来各具能指符号意义的明星，再加上所指一起打包呈现给观众，最后形成整个真人秀符号生产

的过程。竞技中时而紧张时而搞笑的氛围，游戏时各种阵营势力的演变，驻场嘉宾和临时嘉宾之间的关系和互动，都是节目组打造的所指，一起构成了一档广受喜爱的真人秀综艺节目。真人秀节目中的明星，是一种象征符号，是明星个体与附着于其上的符号意义的综合体，由能指、对象（明星本人）、所指（偶像象征）三者构成，观众消费的就是偶像符号包装下难得一见的明星在生活中的“真实”形象，实为“拟态真实”，即表演出来的真实。

明星作为消费符码：有剧本设计的满足“窥视”

法国思想家鲍德里亚指出，在现代消费社会中处处存在着符号消费，即把消费品本身放在次要位置，将消费品的符号意义作为消费的对象。观众观看电视节目就是符号消费的一种，真人秀，已经成为电视荧屏上最引人注目的电视节目，使得“粉丝经济”和“注意力经济”为广大观众熟知。明星参加真人秀的目的大同小异，有不太出名的明星为了与观众拉近距离增加了解和刷存在感，有的为了颠覆之前的不佳形象或者巩固重新打造的形象，还有的把真人秀当作转型和走下神坛的方式。近年来，明星的数量相比以前大大增加，平民选秀打造的大批明星和不甘默默无名的老明星都需要真人秀这块土壤来播种人气。真人秀作为吸引广告主的电视节目，自觉地想把明星打造成人气爆棚的消费符码，明星自己也有意在真人秀的“前台”展现自己最有魅力的一面，或者说在明星

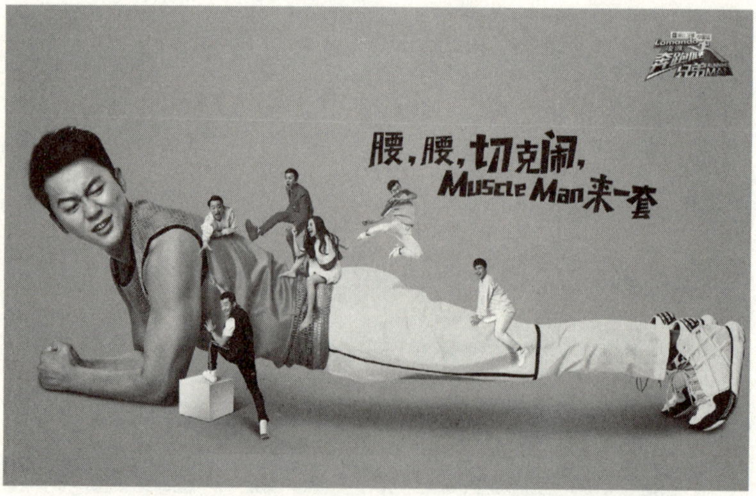

消费市场中最具竞争力的一面。

在《奔跑吧兄弟》节目中，唯一的常驻女明星是模特出身的 Angela baby，与之前的“宅男女神”形象截然相反，打造了一个新型“女汉子”形象。在地上、水中乃至泥里摸爬滚打，真人秀节目中的“找虐”现象，是明星走下神坛的亲民表现，这种表现能最大限度地激发受众的消费欲望，包括窥私欲、好奇心和平等心理，是对符号的解构。许多竞技真人秀中，游戏环节的设置并不是做做样子，明星在节目中拼尽全力，或者扮演反差性角色让节目更好玩，很多时候都会素颜出镜展示真实的性格。真人秀节目中的明星显得普通又真实，让观众联想到身边的朋友，节目的场景往往放在普通的公园、大学、景区，让当地的粉丝有和明星亲密接触的机会，节目的开放性与自由性可让明星以更加立体和完整的形象进入公共视野，在为公众提供可供消费与迷恋对象的同时，也增加了话题性。就这样，明星在各种因素的相互作用下，被创作者、媒体以及观众三者反复消费。

在真人秀节目中，明星作为消费符码，很多情况下是经过夸张和脸谱化的，真人秀并不尽然是明星临时发挥自我本真的舞台，反之是有剧本和框架设计的，明星与真实生活中的自己显然是有区别的，真人秀中的“真实”并不是真正的真实。但是高高在上的明星以消费自己的方式丰富真人秀节目，他们的“真实生活”被观众公开观看，成为一种被“窥视”的对象，这种收看的过程就是公众对明星日常“真实生活”形象的一种娱乐消费，在很长一段时间内依然是综艺节目求发展的一个方向。

组合轴聚合轴分析：相同结构下相对独立的符号群

索绪尔派语言学家认为，符号很少作为孤立的个体产生意义，而是通过与其他符号关联来制造意义。索绪尔认为语言和它们的代码是由两轴的维度构建的：横向组合维度和纵向聚合维度。上文已经指出，能指和所指的结合构成了符号论的原点。从结构关系看，在横向组合上，文本意义得以构建；在纵向聚合上，它为受众提供意义空间。综艺节目的节目品牌可以看作是一个大文本，而每期单独的节目又是一个独立的文本，真人秀相对于一般的电视文本又有自己独特的符号，这些符号构成了固定的主题和特定的结构，特定符号构成了其具有特色的文本内容。

文本符号有内部的结构，而并不是简单的排列，它包括自己的组合轴和聚合轴，符号活动这样的双轴操作在任何表意活动中都可以体现，综艺电视节目也不例外。一方面，《奔跑吧兄弟》的主题是运动与友谊，因此每一期都有固定的“奔跑”内容，结合的节目特色带动全民运动热潮。而每期节目都由七名高人气的明星组成固定搭配，宣传中也以他们为主，每期节目都以团队形式进行竞赛闯关，比如撕名牌、指压板等传播性极强的游戏，胜者得奖，输者受罚。此外每一期有一位新的临时嘉宾助阵，增加节目的神秘性，为新一期的节目带来新的粉丝和话题。这使这些固定而又有独具“豪门盛宴”气质的节目内容构成了完整的文本。另一方面，每一期又有不同的特定主题，根据主题，每个明星有不同的角色和地位，大大增强了节目的可看性。比如在第一季中，第一期是“白蛇传说”，以白蛇传为故事背景，取景于杭州西湖，彰显了中国传统文化和特色地理景观；第八期“敦煌大劫案”将游戏地点设置在了历史文化名城敦煌，游戏在文化古迹中将故事徐徐展开。除此之外还有其他吸引观众眼球的主题，比如“人在囧途之韩囧”“寻找前世情侣”以及RunningMan和中国奔跑吧兄弟PK等等。每一期中，不管是玩“时间旅行”还是玩“琼瑶浪漫”，都在纵向聚合轴上打造丰富多彩的文本，每一期节目都有大致相同的结构，节目当中相互独立的单元又有不同的符号群，它们共同构成了一个可看性高、元素丰富的符号系统。

符号意义实现方式：从模仿生活到生活模仿的对象

法国著名社会学家埃尔·塔尔德这么形容流行的社会现象：“从社会的角度来说，一切事物不是发明就是模仿。所以，在社会生活中，众多人跟着别人所创造的东西学样，就有了风俗和时尚等社会现象。”《奔跑吧兄

弟》也不例外，它模仿了韩国的综艺节目《Running Man》，既保留了原版节目的精华，也融入了大量中国元素。观众接收并且喜爱这种引进，因为这并不是单纯的模仿和抄袭，而是进行学习和改造，借鉴优秀的节目制作理念，学习优秀的节目编排方式和场景调度，并根据自身需要进行一定程度的改造。本土明星的加入和节目设置的改良改变了原版节目的内涵和外延，而保留了原来的生活戏剧化因素，或者说戏剧生活化因素。真人秀的理念虽然是表现明星在生活中的真实状态，但是节目里运用了许多高于生活的元素，比如文学和影视题材的引入，打造了"穿越世纪的爱恋""敦煌大劫案""逃离秀山岛"等扣人心弦的主题。真人秀节目"秀"的并不是平凡人的普通生活，将生活上升到戏剧的层面，或者说将戏剧融入到生活之中，才是真人秀节目的核心符号意义所在。

真人秀也满足了我们这个时代的共同情感需求。在日复一日的日常生活中，人们需要仪式感和英雄主义来为平凡生活增添色彩。神话学家约瑟夫·坎贝尔认为，神话是现实的隐喻，它表达着一个时代的共同经验，并为人类的日常生活提供了仪式感。在《神话的力量》一书中，他分析了神话的共同特点，比如叙事框架的单一性，多数神话传达对冒险的渴望，表达获得成功时的喜悦，以及产生新经验后的荣誉感。每个时代都需要神话，而现实世界中的网络游戏或者真人秀节目，其实也符合神话的定义，它们是安全的冒险，是可以观看的英雄旅程。《奔跑吧兄弟》节目中引进了许多高新设备，如第一期中的弹射座椅，韩囧中护照验证环节里的酷炫展台，这些趣味性道具都是能超越现实生活经验的舞台，或者令人望而生畏的挑战。另外，真人秀节目也把明星拉进平民生活来模拟现实，明星扮演领导者、跟随者、背叛者等角色，正是这些身份的变化造成了真人秀的冲突及其戏剧性发展。真人秀节目正是对人生的模拟，具有很强的可模仿度，所以观众在现实生活中也会采用真人秀节目中的游戏设置，用在与朋友的玩乐或者公司的年会里面，从这个意义上说，真人秀从模仿真实的生活开始，又反过来成为真实生活模仿的对象，这正是其实现符号意义的方式。

（作者申婉婷系暨南大学新闻与传播学院广告系硕士研究生，黄学佳系南方日报汕头记者站站长）

突发舆情事件应对的根本原则和基本方法

□杨红雨

杨红雨

随着互联网和移动互联网的普及，网络情绪表达进入“大众麦克风”时代。突发舆情事件说来就来，几乎没有任何征兆。如果不能良好地应对，可能酿成极为严重的后果。因此，无论是各级党委、政府，还是其他机构，都要恶补这一课的内容。本文结合一些具体的例子，谈谈网络突发舆情事件应对的根本原则和基本方法。

网络舆情千变万化，针对不同的情况，要采取不同的应对方法。但不管采取什么方法，都必须遵循一个根本原则：遭遇负面舆情，认真解决舆论危机中暴露出来的问题才是第一位的。只要问题解决，舆论自然会很快平息。否则，任你如何巧妙发声，如何引导舆论，或者采取删帖禁言等极端方式，都只能事倍功半。

近期最热的舆情事件，莫过于“赵薇事件”。“赵薇事件”起源于她的新电影《没有别的爱》启用了戴立忍和水原希子。4月25日，在赵薇公布了新电影的几位主演后，就有网友质疑戴立忍支持过“台独”，水原希子有辱华言行。在此事引起较大争议后，赵薇于6月29日凌晨发出一条微博，指责媒体断章取义，遭到网友强烈质疑，赵薇被迫删除微博。30日，该片官微与戴立忍双双发出声明：称“网络上”有很多“针对戴立忍的不实传闻”，“将诉诸法律，维权到底”；而戴称，自己绝不是“台独”，自己“问心无愧”。在事件初期，赵薇及电影方对事件处理态度极为强硬，网友极为不满，为之后的持续发酵埋下了种子。

7月6日，@共青团中央微博转发青年力网长文——《赵薇、戴立忍及〈没有别的爱〉为什么遭网友普遍谴责抑制》，但该文发布后被删除，引发了网友强烈不满。虽然之后文章被恢复，但删文事件造成的负面影响已经在网络持续发酵，赵薇占据微博热搜榜前列。

7月11日，赵薇正面回应：戴立忍明确表达（自己）不是"台独"，日本演员水原希子则没有参与《没有别的爱》这部电影。该长文评论高达50万，但从评论来分析，网友并不买账。

7月14日，中国国防报发声提及赵薇电影事件，人民日报官微转发国防报文章，同时转发赵薇11日的声明。主流媒体的关注使各大媒体和公众号也开始纷纷介入赵薇事件，舆情热度居高不下。

在各方压力下，7月15日，电影《没有别的爱》官微发声明表示将替换演员戴立忍，赵薇转发并向网民致歉。与此同时，戴立忍发布长微博，解释之前所有被网友认为是"台独"的证据并道歉；水原希子发布视频解释"辱华事件"并道歉。两位事件中心人物的道歉声明和视频分别被转发61393次和90484次，评论更高达十几万。至此，事件才逐步平息。

从"赵薇事件"可以看出，舆情初起时，赵薇或影片投资方的公关团队采用了删帖的方式，非但没有平息舆情，反而点燃了网友的愤怒之情，导致舆情走向白热化。直到迫于舆论压力，电影官微发表声明替换戴立忍，事件主角戴立忍和水原希子都出面解释之前疑似"台独"和"辱华"行为，并向网友道歉，使网友最关注的问题得到解决，才使舆情得到平息。

除了根本原则外，突发舆情应对还要注意运用几个基本方法：

"东方之星"夕阳红

一、在平息舆情过程中，“以情动人”比“以理服人”更重要。

现代心理学研究证明，在大多数情况下，驱动一个人去做一件事的动机，并不是出于理智，而是出于情感。舆情传播学的研究发现，网民在互联网上对人或事的态度，首先取决于对当事人身份标签的认定，至于事实如何，反倒处于次要的地位。

北京师范大学新闻与传播学院执行院长喻国明认为：当下是一个多元化的社会，不同的人，从不同的角度，看到的是事实的不同方面。每个族群，都有自己观察事物的角度，以及捍卫自身利益、表达自身主张的严谨的逻辑。公说公有理，婆说婆有理，这是多元化社会的基本特点。因此，仅仅通过摆出一部分人所认定的事实、逻辑或道理，是很难被其他人所接受的。为什么？因为道理太多了。就像狼吃羊，从食物链的角度看，高端吃掉低端是正常规律。但从羊的角度来看，就是不能接受的。所以，这首先不是道理的问题，而是关乎感情、立场和关系的问题。

在热点舆情中，部分网民存在一些“心结”。如“罗宾汉情结”，扶弱抑强，经常无条件地同情声援农民工、下岗工人、摊贩、访民、被强拆的业主等弱势群体；还有“网上黑五类”心理，五类社会地位较高的群体，如公务

共青团中央微博

员、警察、城管、医生、教师，经常被妖魔化。

例如，同样是城管与摊贩的矛盾，湖南临武县瓜农邓正加与多名城管发生肢体冲突后，倒地死亡。死亡原因是城管用卖瓜的秤砣重击邓的头部，于是秤砣成了城管“暴力执法”的物证。几个月后，秤砣再次“出山”，却转换了角色。在四川南充，菜贩夫妻用秤砣砸昏了城管。令人惊讶的是，两次事件微博帖文的数量多寡悬殊，网民“一边倒”地谴责城管，却对摊贩的“暴力抗法”选择性忽略。

“东方之星”长江沉船事故的舆情应对也是一个很好的例子。在内河上沉船死亡442人，原本是件骇人听闻的事情，翻遍中国历史，也找不到可以类比的内河航运事故。面对这样一起前所未有的灾难，在科技远比古代发达的今天，竟然也只救出12人，舆情应对的风险非常高，稍有不慎，就有失控的可能。但在此次事件中，主流媒体却表现出惊人的团结精神，一致将报道重点放在救人过程中展现出的正能量上，用人性中闪耀的光辉感动了全国人民，使整个事件的舆论一直朝着积极向上的方向发展。

二、不管是“黄金四小时”还是“黄金两小时”，当事机构第一时间权威发声占领重要传播节点极为重要。

在进入互联网和移动互联网时代之前，应对突发事件，有一个著名的“黄金24小时法则”。放到信息爆炸瞬息万变的今天，这个法则显然已不再适用。2010年上半年人民网舆情监测室提出了“黄金四小时法则”，意思是说突发事件新闻发布时限要从24小时缩短至4小时。5年后，随着网络传播速度的大幅提升，

广东省网信办副主任曾胜泉则提出了“黄金两小时法则”。

其实不管是“黄金四小时”还是“黄金两小时”，说的都是一个意思：危机处理和舆情引导有一个最佳时机，一旦错过，某种信息或观点就会深入人心，哪怕是错误的，想改变难度也很大。因为人们接受信息有个先入为主的“首声效应”，第一时间接受的信息在很大程度上决定了人们对舆情事件的判断。所以，当事机构一定要尽最大可能“及早发声”，力争对突发舆情事件作出“第一定义”。这是所有突发舆情热点事件传播过程中最重要的节点，占住了这个节点，会使接下来舆情引导的难度降低很多。

在2009年成都“6•5”公交车燃烧事件中，成都市政府的表现可圈可点。在公交车燃烧发生仅两个小时后，市政府就召开了首场新闻发布会。当天

连开三场，不断公布伤亡、救治和现场情况。一开始，公众最关注的是车上究竟有没有救生的锤子，很快救生锤的照片在发布会上予以公布。随着调查的深入，最终将事件起因指向了“有人带汽油上车”。

由于发声及时，官方声音占据了最重要的“第一定义”传播节点，使事件迅速得到妥善处理，没有造成舆情危机。

而最近持续遭遇网友吐槽的邢台水灾事件，就是因为官方隐瞒灾情，在两天多的时间里都没有披露相关信息，直至“官员与民众对跪”的视频在网络上热传后，才迫不得已站出来直面舆论。虽然诚恳的态度最后也取得民众谅解，但公信力已遭受极大损害。

三、虽然以事实为依据是所有舆情应对的前提，但为了平息舆情或避免舆情发生，有时也需要照顾民众情绪，有选择性地公布事实。

在新闻发布会中，新闻发言人需要遵循一个很重要的原则：绝对不能说谎，但对某些事实，可以选择不说。这个原则同样适用于突发事件的舆情应对过程。

今年 5 月，因为“高考指标外调”一事，全国多地引发家长在教育主

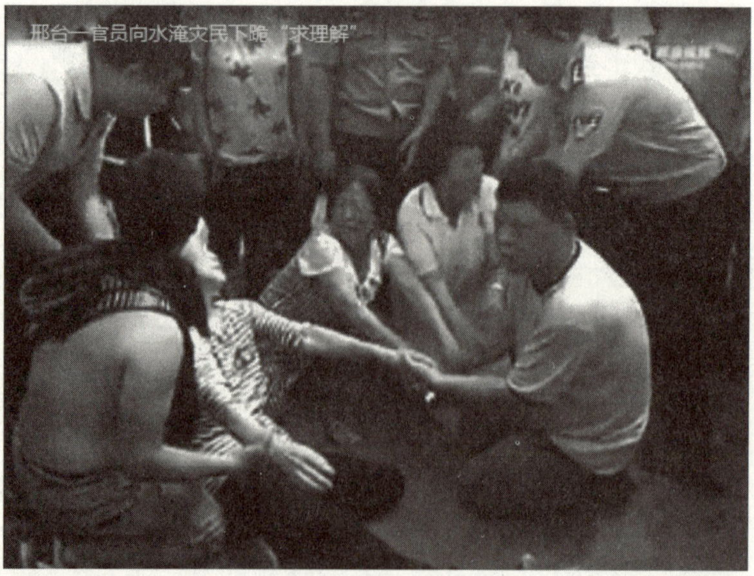

邢台水灾官民对跪

管部门门前聚集抗议的群体性事件。事件的起因，源于国家教育部和发展改革委在4月底公布的《关于做好2016年普通高等教育招生计划编制和管理工作的通知》(以下简称《通知》)。根据事后教育部门的解释可以看出，“高考指标外调”是历年来一直在做的事，今年之所以引发民众激烈反应，就是因为有关部门不恰当地对《通知》全文予以公布。如果公布前能心存“舆情危机”意识，在公布时对内容有取有舍，完全可以避免后面的被动局面。当然，信息公开是不可逆转的大趋势，但我们仍然可以采用选择性公开的方式。对某些事实的选择性不说，并不是这些事实有问题，只是避免引起不必要的麻烦而已。

四、如果只是个别人的不当言行引发热点舆情，当事机构应果断切割责任，不宜引火烧身，更不能徇私包庇。

2010年6月11日傍晚，安徽省马鞍山市一名中学男生不小心刮蹭到花山区旅游局局长的车，局长下车打了男生，并扬言“我是领导”。警车赶到现场后，局长钻进警车，围观市民不让离开，整条大街堵得水泄不通。当晚22时30分左右，时任市委书记郑为文登上警车，举着高音喇叭向市民喊话：“我们会全力以赴地保护人民群众的利益，坚决惩治肇事者。你们可以看市委市政府的行动，如果处理得不到位，你们来找郑为文！”3分多钟的现场视频中，围观群众爆发出十余次欢呼。

最后由郑书记拍板，花山区区委常委在现场召开办公会并作出决定，当众宣布免去局长职务。市委书记的应急处置，表现了一种担当，维护了立党为公、执政为民的形象。

五、在当事机构身陷舆情旋涡不能自拔时，应选择有公信力的第三方机构出面发声，容易取得公众的信任。

“雷洋事件”可说是今年上半年热度最高的舆情事件。在这个事件中，虽然警方当事人第一时间在中央电视台露面，解答公众关心的问题，并且安排失足女在北京电视台出镜，详述帮雷洋“打飞机”的过程，却并没有平息舆情，反而引起公众的强烈反感，使舆情迅速发酵。究其原因，就是在这个事件中，警方已经成为纠纷的当事方，想自证清白只能越描越黑。迫于强大的舆论压力，第三方机构北京市昌平区检察院介入调查，北京市检察院对尸检过程进行监督。就连接受委托进行尸检的单位，也是由家属挑选的第三方机构，经检察院查验资格后予以认可。尸检结果虽然没有最后公布，但从目前透露出的信息看，应该可以解答公众的大部分疑惑，舆情再次引爆的概率不高。

（作者系南方舆情数据研究院首席舆情分析师）

南方的血液

□李昊阳

李昊阳

回顾在南方周末的实习，猛然发觉，那是一段充满紧张与困惑并且快乐的日子。

一

我曾在新京报和南方日报有过短期的实习经历，大学毕业前，在南方周末时政新闻部跟褚朝新老师实习一年有余。

大二暑假，自以为写新闻有基础的我，辗转联系到了南方周末时政记者褚朝新。

这段进南方周末实习的经历，跟做新闻、约采访对象是一样的。先是把简历发电子邮箱，褚老师很直接地告诉我，我写过的新闻题材太单一，不能跟他实习。但是，在此后一周，我不断地给他发信，终于得到回复，他说可以推荐我去新京报实习，于是我就去了。

从新京报实习回来之后是大三上学期，我又给褚老师发短信，提出想跟他实习。未复，我便找到几位师兄师姐，让他们帮我联系褚老师并且推荐我，褚老师终于答应收我做实习生了。原以为一进南方周末就可做大新闻了，但是到南周一个多月，连褚老师的面都没见到。

2015 年 11 月的一天，褚老师终于给我派题，让一起实习的师姐罗婷带我做官员带病提拔样本观察的报道。我负责的工作是归类整理各类带病提拔官员，交由褚老师分析、组稿。成稿后，几千字的稿件，我是第四作者。

这件事对我触动很大。在南方周末做实习生，和在其他地方感觉是不一样的。有人笑称现在是“实习生办报”，在一些地方，实习生可以独立采访并最终成稿，只是最后需要实习老师核实修改。但在南方周末做的第一篇稿子却让我发现这里的确与众不同，在资料搜集过程中，我还发现自己对于官员行政级别、官员提拔公示等基本常识都不清楚，而这些工作是谁都能做的。

我发觉，在一个高的或者低的平台实习，如果不具备与之相匹配的能力，想学到东西是很难的。在南方周末实习，是不会有太多时间教你基本功的。这就好比面对采访对象，当自己只能抛出一个一个问题机械提问，而对方说的真话或者假话你不知道，无法进行互动，最后稿子的失败是必然的。

尔后，我去了南方日报实习。这一次，我扎进广州新闻部，跟着指导老师跑广州市委市政府，做了两个月时政报道，末尾还赶上了广州市两会，也算是在南方报业较充分地感受了南方的氛围。

两个月后实习结束，褚老师在我的朋友圈留言评论：“下学期回来找我。”

我隐约感觉到，真正的大新闻要来了。

二

2015年3月，第一次出差，和褚老师

Politics
时局
B9
“官当到多大算是大?”
“优秀县委书记”陈行甲炼成记

赴山西做山西公安的稿子，一下飞机，就见到在等待的山西省公安厅官员。

此后一周，我们频繁出入山西省公安厅，专访了山西省副省长、公安厅厅长，又访问了几名地市公安局长。

采访很顺利。稿子见报，其客观、理性，令我佩服。报道中，既反映了存在的问题，也展示了山西公安“刮骨疗毒”的决心和动作。采访中官员们说的官话、套话都没有写进报道里。

这才让我明白，采访对象说了什么、给你看了什么，要听要看，但未必都写，你要找的线索和真实的问题，要在自己的心里记好，那些才是新闻所需要的。而这次采访的顺利，也有赖于记者长期对自己职业操守的要求，采访对象对记者信任，才能敞开心扉说真话。

褚老师曾说，他有时候接触一些官员是为今后采写相关的报道积累人脉资源。这次采访山西公安，正是由于褚老师在两会期间认识了副省长、公安厅长，对方同意接受采访，一切才那样顺利。

在当下，若非自上而下，地方公安根本不接受采访。尽管山西省公安厅长同意接受采访，并让各地公安协助，但太原市公安局的一位领导就是不愿意配合。

Politics

时局

B9

官员带“病”提拔，领导无人担责？

“刚提拔就落马”官员样本观察

18人提拔
半年内落马

为何能被
“带病提拔”？

“用人风气好的地方，个人综合素质、工作业绩、同事评价比较重要；风气不好的地方，关系比较重要。”

一把手可以通过自身影响力，让他的个人决策表面上完全符合组织程序，把责任倒查制度架空。

“治理‘带病提拔’的问题，不是说没办法。办法有，就看我们敢不敢用。”

▶下转第10版

4月，跟褚老师前往湖南做官员遭遇"仙人跳"色情敲诈的调查，先后去了长沙、郴州、衡阳三个地市，一路走一路碰壁。最后全是最基本的笨方法：上门堵人。

我们先在郴州调查，纪委不接受采访，只好直接去按线人提供的名单到各机关单位堵当事官员，并成功堵到一名官员。对方很坦诚，但说自己的孩子即将高考，希望不要写他。为此，褚老师给我上了一课：无论当事人做了什么，孩子是无辜的，如果看到网上铺天盖地是自己父亲的桃色新闻，高考发挥肯定受影响。最终，褚老师在稿子中用了这一案例，却没有点出这名官员的名字。

这，就是现实的新闻伦理。在从业中所遇到的新闻伦理，跟实习前所设想的新闻伦理根本是两码事。

郴州采访后，褚老师去长沙，我去衡阳。褚老师帮我找了一个衡阳当地的朋友协助，但那人见面第一句话就是问我多大了。感谢这句话，让我从此没再背着双肩包和显嫩的衣着出现在官场。就像有媒体前辈曾评价褚老师为"那个夹皮包的男人"那样，穿着衬衣，坐在任何一个官员开会的会场都不会突兀，才可能深入到一个地方的官场里去。

在衡阳，采访艰难，一个周五约好下周一采访的官员，届时却变卦了。一个掌握情况的官员说："南方周末我常看，但是我不能给你们提供帮助。"在一个区检察院，一名政工官员指着我骂："你是想写负面吗？出了问题你是要负责的！"

为了能够采访到衡阳市纪委副书记，我每天发短信、打电话，找酒店前台借本

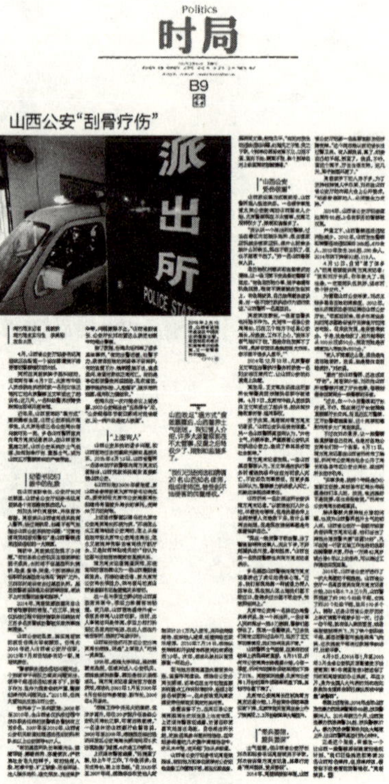

Politics
时局
B9
山西公安"刮骨疗伤"

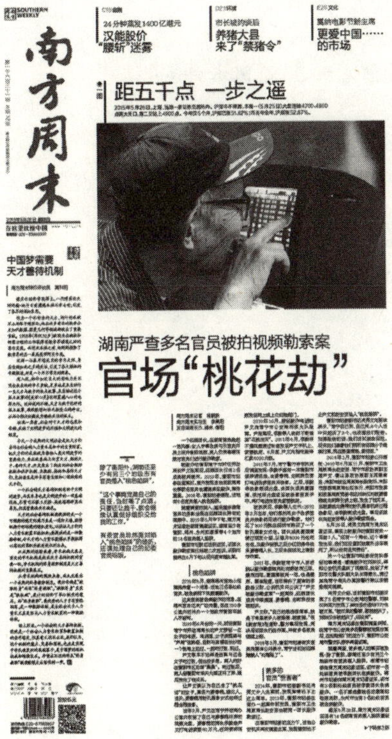
SOUTHERN WEEKLY
南方周末

24分钟蒸发1400亿港元
汉能股价“腰斩”迷雾

市长被约谈后
养猪大县来了“禁猪令”

更爱中国……的市场

距五千点 一步之遥

中国梦需要天才善待机制

湖南严查多名官员被拍视频勒索案
官场“桃花劫”

地的手机号给他打电话，还是不接。

褚老师很快赶来增援，我们一起守在这名副书记的办公室门口。等了几个小时，终于见到了他。

想尽办法去采访，这才是做新闻的常态。艰难突破，一点点的线索带来的都是极大的兴奋感。

做时政新闻突破难，但不突破将没有任何信息增量，就对不起南方周末这块牌子。所以，再难都要突破。如果不能突破高层，就必须自己一点点扎进线索里去寻找、去堵当事人，因为当事人提供的一个细节，往往就能给整篇报道带来亮点。

做新闻有时候需要运气，但如果不自己实地去探，连运气都没机会撞到。

做了几篇稿子之后，12月，已经进入找工作周期的我，又得到一个跟褚老师一起做有意思稿子的机会：官员的微信朋友圈。那是我第一次半独立操作时政选题，褚老师先提供了一些官员微信给我，我自己搜集，想到微博上有很多认证官员，便一个一个私信发过去，一直发到被新浪强制封号一天为止，靠微博加了10多名官员，加上家里的亲戚朋友，样本大概有30多人，从省部级到科级。

有了时政新闻的一点经验，终于可以自己整理和分析了，署名也从实习生变为特约撰稿，反响异常好，以至于后来找工作，总编问我最近操作的稿子是什么，我说《官员的微信朋友圈》，他说：“我还帮你在微信上转发过。”这是南方周末平台所带来的影响力，也是实习指导老师教给我的做新闻的能力。

三

新闻采写课上，我们的老师用南方周末的报道作为范文。在我拿到第一张印有我名字的那张新闻纸的时候，我的同学都流露出羡慕的表情。我想，这就是我作为一个实习生对南方周末的定义。

作为南方的种子，我们不论在何处，都会为这个社会的进步而努力。而未来，或许我终于从一粒种子长大茁壮，我的体内还仍然流着南方的血液，这种血液不允许我们做不公义的事，不允许我们对不公义的事袖手旁观。从任何角度来说，我都会热爱南方、感谢南方。

结束实习后，我才听到十年前纪念张炬的歌曲《礼物》，像极了我的南方："等春暖花开开满我们阳台，你又飞奔过来，兴奋的大喊着：嘿，这次我最快。"

我要暂别南方了，但就像英格玛·伯格曼曾在他的自传中写过的一个故事：克鲁大教堂倒塌以后，整个社会三教九流的人们都聚了过来，用很久的时间重建了更为辉煌的教堂。教堂建好后，他们又走了，却没有人记住他们的名字。南方周末，也就像我们南方这片新闻热土上的教堂，如果有幸，我还会回来的，因为那一束光曾打在我的脸上。

（作者系湖北大学新闻与传播学院2012级本科生）

生产新闻是件高大上的事情

□李思涵

李思涵

忐忑地来到一个有激情的地方

和南周结缘，没有轰轰烈烈的邂逅，也没有刻骨铭心的纠缠。就这样，自然而然。在某个拥挤的地铁 2 号线，我接到了来自前辈的电话通知。地铁可怕的信号和你推我挤的疯狂，几乎是凭感觉和断续的语句明白了，我成了第一批防务智库小分队的成员，没有一点点防备。

事实上，当时正面对去公司还是媒体的选择，我跑去问师姐。师姐说：“年轻人就应该待在激情的地方，认识有趣的人，在公司你只能清心寡欲，你是这样的人么，你那么爱酒。”

我就这样相信了。

实习的第一天就被门口大叔拦住了，而忐忑走进 289 大门的一刻，见到的第一个人是清洁阿姨。

来到南周，我已经做好了成为后进生的准备，半路出家，没有任何实习经验。每次开会时编辑老师突然抛出的题，都令人十分忐忑，因为在对防务一无所知的基础上，我还要克服新闻专业技能匮乏的障碍。我知道总是要面对差距，倒不如随遇而安。

有些事，来了才懂

每个人来南周的实习生一定都参加过每周四的评报会，那阵势，看各位老师“针锋相对”，毫不掩饰地指出问题。这也是我初来南周，受益匪浅的一幕。我们既能够以普通读者的身份去探讨文章，又可以学习到从新闻专业视角去分析内容，有时候还可以听到幕后的故事，有趣有味有料。记得当时“弯弯”事件在网络炒的火热，报社的记者连夜赶去采访，第二天一早就要见报，在评报会上，我们了解到记者去采访时发生了“临时换角”事件，看到南周 App 上大家对这篇报道的附和及指摘，竟然有了一种莫名的代入感，一笑置之。

这让我对时下社会新闻，时局不再盲目地跟风或听一家之言、以偏概全，更愿意安静地观摩新闻本身及背后的意义。很愿意说话，却学会了闭嘴。

编辑老师似乎并没有把我们当实习生看待，许多比较重大策划都希望我们不仅做简单的资料收集，更希望我们拿出切实可行的策划提纲。有时候，和别的部门开对接会，会让我们在旁参加，并交出初稿反复打磨。在各类活动中游走，让我们有了更多的参与感和使命感。

渐渐退出了那种不停查资料，整录音的日子。我们有了思考的主动权。每周我们也可以自己报选题，找到感兴趣的切入点，写一些网稿。

南方周末 防务A7

副参谋长和他的“香会朋友圈”

“您是客人，请您先讲”

看到自己从无名到名字前冠以实习生的名号，再到特约撰稿人，会有种莫名的骄傲。

原来，师姐没有骗我。

我是不是越来越喜欢做新闻了？

终于明白做新闻，广泛的知识涉猎是基础。你完全要在你不熟悉的领域深掘出新闻性，把相关的资料看到烂熟，即学即用。而防务之于我，是陌生的。就算看了一整天的报道，翻遍了所有公众号的文章也不明就里。然而，在参与前期防务智库课题的申请过程中，我们需要翻墙翻阅大量的国外资料，在知网上搜索各个国家、各种角度的文献。我经历了从看防务新闻版文章一脸懵懂到看得明白，直至最后的越品越有味。

最可怕还是做国际性选题，觉得自己对选题了解的不足，对英语沟通的恐惧。有时候在要准备国际采访前，紧张的在电话前捋思路，害怕对方看出我们的不专业，迟迟不敢打电话，但总要硬着头皮完成。当采访完一刻，就想去楼下吃个小吃撸个串。

不久前编辑老师去新加坡参加香格里拉峰会，我们在整理录音的时候，确有身临其境的幻觉，貌似有了“参透大国博弈，笑看世界风云”的豪迈。如果不是有机会来南周实习，是不能够在这个高度上去了解关心地缘政治的。

人总是对第一次的经历记忆犹新，念念不忘，第一次跟版，第一次采访，第一次写稿。不能免俗。后来，我们需要拿出一份长征的专题策划，可想而知，我们这一代对长征遥远的记忆，早已捻成了碎片化的细枝末节，偶尔看到电视或各种画面一掠而过，点开却没曾想细细了解。我们去广州图书馆把关于长征各方各面的书都搬回报社，看了两个月。且不说这次策划历时之长，修改之多，定稿之坎坷，当时认为参与完成这次策划本身就是一次长征。

期间，跟着老师去采访了两位老红军。和善的老人家和好客的家人令人动容。细细听他们述说过往，那些在油印在书本的故事似乎有了生命力，一下子明晃晃地全部摊开展现在你面前，与 106 岁的老红军进行五个小时的访谈，却像受邀到他们的世界里重新走了一遍长征。我们还未从故事里抽离，老师已经有了写作思路。惊叹之余，关在“小黑屋”埋头写稿子的日子特别深刻，待我把稿子发给家属确认的时候，他们希望出报后能够寄给他们以做珍藏。前所未有的成就感“猝不及防”，仿佛一切都有了意义。

我在想，我是不是越来越喜欢做新闻了？

感受到了传统媒体的情怀

每个来这儿的实习生都希望能够拿到南周的OFFER，但是你如何能不知道在新闻这条路上，要做好面对一切未知的准备，不断地充实自己的知识、完善自己的不足，找到自己的“黑匣子”，才能让实现成为可能。

在南周我们学会了写稿子要做减法，找资料采访要做增量，稿件思路要从整个脉络中扒出精髓，细细雕琢碎片和细节，知道所谓的“南周体”喜欢倒叙，也慢慢摸索出写作的乐趣。

在南周，我感受到了传统媒体的情怀和坚持，改变了我当初想从事新媒体的想法。生产新闻是一件多么高大上的事情。

我明白真的有一种工作可以不用准时上下班，可以提着相机，拿着录音笔去听听人家故事，拍下他眼里的风景，去带着好奇心看看外面世界发生的事情；可以在灵感来的路上，拐进在街角的咖啡店奋笔疾书；去和陌生人搭讪，聊聊生意如何，今天是不是心情很好；可以满足自己的小私心，用正当的理由去窥探别人的“秘密”；可以开门见山理直气壮地对受访者说，我是来自南方周末的实习记者，请问可以接受采访么？

（作者系华南理工大学新闻与传播学院研一学生）

传媒茶座

传媒茶座

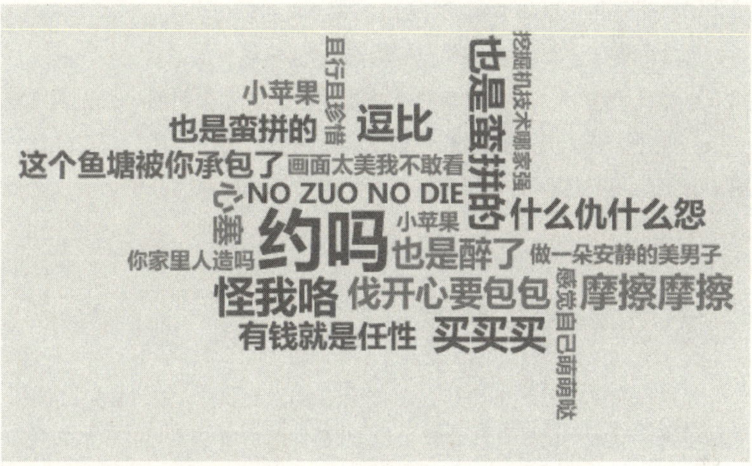

新媒体编辑需把握的“度”

□陈捷生　黄少芬

陈捷生

移动互联网进行4G时代、手机进入大屏时代，催生了微博、微信等自媒体，以其无可比拟的时效性、实时性，迅速占据了人们资讯生活的主渠道，成为人们特别是年轻一代获取信息的重要途径。而微资讯更以其便利性和充分利用空余时间获得领导青睐。因此，政务微博、微信公众号也以前所未有的速度得到大大扩张。

为了从自媒体手中重新夺回资讯传播的主动权，传统媒体也纷纷推出传媒App、传媒微博、微信公众号，并以其专业性、权威性、时效性、全面性，迅速得到网民的认可，粉丝量和影响力节节上升，迅速成为网络大V。

随着政务微博、微信公众号的增加，工作量增大，在当前公务员编制紧缺的情况下，代管运营业务应运而生。

由于传媒的性质，决定了其成为代管运营政务新媒体的主流。因此，如何当好传媒新媒体新闻编辑，也理所当然地成为当前新闻编辑的新课题。

自媒体发布的一个最显著特点就是任性。为了吸引眼球，无所不用其极。但是，作为传统媒体和政务新媒体编辑，当然不能按照自媒体的做法去进行信息编辑。如何做好传媒新媒体新闻编辑？我认为必须把握好几个度。

一、把握政治立场的度

传媒新媒体虽然形式改变了，但性质仍然没有改变，依然是党的喉舌、党的传媒、党的宣传阵地。今年2月19日，习近平总书记在党的新闻舆论工作座谈会上强调，党的新闻舆论工作是党的一项重要工作，是治国理政、定国安邦的大事。党和政府主办的媒体是党和政府的宣传阵地，必须姓党。新闻舆论工作各个方面、各个环节都要坚持正确舆论导向。4月19日，习近平总书记在网络安全和信息化工作座谈会上特别指出，互联网不是法外之地。要本着对社会负责、对人民负责的态度，依法加强网络空间治理，加强网络内容建设，做强网上正面宣传，培育积极健康、向上向善的网络文化。因此，传媒新媒体新闻编辑要站稳党的立场，必须坚持党媒姓党。

为此，要做到四要：一要把牢方向，做政治上的明白人。要切实按照习近平总书记的重要讲话精神，坚持党的领导，坚持正确政治方向，坚持以人民为中心的工作导向，牢记习总书记提出的“高举旗帜、引领导向，围绕中心、服务大局，团结人民、鼓舞士气，成风化人、凝心聚力，澄清谬误、明辨是非，联接中外、沟通世界”48字职责使命，始终把讲政治放在首位，紧紧围绕党委政府的中心工作和百姓关心的身边事，积极开展宣传活动，凝聚正能量，倡导新风尚，切实提高党的新闻舆论传播力、引导力、影响力、公信力。二要及时发声，做正确舆论的导向者。习近平总书记说，讲规矩是对党员、干部党性的重要考验，是对党员、干部对党忠诚度的重要检验。不讲规矩早晚出事！党媒姓党，这是规矩！作为官方媒体平台，必须坚持正确舆论导向，坚持党媒姓党，让党的主张成为网络空间最强音。要努力提高新闻宣传的质量，遵循新闻传播规律，创新方法手段，用创新赢得读者、赢得市场，更好地为群众服务、为党委政府工作大局服务。三要坚持底线，做网络空间的晴朗者。网络空间是公共空间，也是现实空间，不是“法外之地”。从国家层面的《全国人民代表大会常务委员会关于维护互联网安全的决定》，以及“国信10条、约谈10条、微信10

条”等法律法规，无论是传统媒体、新兴媒体、互联网企业还是微博微信的小编，都要做自觉守法经营、明辨义利的从业者，以诚信之美为网民提供健康有益的文化产品和服务。作为官方媒体平台，必须切实履行社会责任，严格遵守互联网法律法规，带头坚守法律法规底线、社会主义制度底线、国家利益底线、公民合法权益底线、社会公共秩序底线、道德风尚底线、信息真实性底线等“七条底线”，自觉做到不制作、不发布、不传播有害信息，抵制一切有悖网络文明、有碍社会稳定的行为，自觉净化网络文化环境，让网络空间晴朗起来。四要服务民生，做公众信息的服务者。互联网是技术创新的产物，互联网行业更应该是创新和服务大众的沃土。作为官方新媒体，必须把为大众提供优质、便捷的新闻信息、生活资讯等服务作为自己的责任担当，以春风化雨、润物无声的方式，服务县域经济社会和百姓群众。而且要坚持主动服务民生，根据不同时期的重点工作，及时发布与广大群众日常生产生活密切相关的重要信息，比如天气信息、交通道路信息、公交线路调整、治安防范措施、季节性传染病预防等信息，通过办好问政直通车等栏目，开展指尖上的政民对话等形式，主动掌握话语权，赢得主导权，实现新型政民互动方式，不断引起百姓群众关注与参与，为受众提供更多更好的服务。

二、把握新闻基本原则的度

新闻的基本原则，首先是新闻的真实性。希望得到真实信息，这是人们的基本需求。因为新闻是人们了解和思考自己身外世界的主要依据，所以“有用”和“可靠”成为最受重视的素质。明天会下雨吗？前方是否交通拥堵？我支持的球队获胜了吗？真实会产生安全感，因为安全感来自知晓。真实是新闻的本质。

互联网等先进科技只是提高了信息传输的速度，不仅给真实信息的传播提供了便利，同样也给错误信息的传播提供了便利。自媒体信息由于其以快会更受某些受众欢迎。但是，也有自媒体为了吸引眼球，往往不管真实性，谣言满天飞。传媒新媒体作为权威发布，绝对不能以讹传讹，丧失真实性原则。在争夺新媒体阵地发布信息时，传媒新媒体不应为了时效而放弃对事件的综合和确证，要把流言、影射、琐事等排除在外，专注于报道重要内容的真实性。

例如新会某家自媒体，为吸睛，不顾受众感受，捏造了一条标题为《昨天，新会圭峰山上空拍到一条龙，视频为证！》的假新闻。网友乍一看上去，都半信半疑。疑的是：龙只是传说中的神物。但对方有“视频为证”，所以最后还是抱着好奇点了进去。不看犹在可，一看就火冒三丈，原来标题中所说的“龙”，竟然是小编随手画在白纸上的一条龙，然后她拿着纸片站在圭峰山门前，让那条所谓的“龙”在镜头前慢慢移动拍下来的视频。

新闻的另一个基本原则客观性也应坚守。客观性的最初含义是新闻工作者往往因带有主观意志而无法做到客观。新闻是通过人采写并报道出来的。既然这样，就免不了打上作者和媒体的主观烙印。所以关键在于规范和约束，做到主观与客观的统一。新闻工作应遵守的的绝对信条是：“这里的任何东西都不是编造的”。我们在采写刊发新闻时，就应该把主观性与客观性二者有机地统一起来。这种统一是以事实为依据的统一，是客观性第一、主观性第二的统一，绝不能偏废或颠倒，绝对不能背离职业道德，主观臆断，妄下结论。更不能完全是凭空制造新闻。任何时候都要把新闻的真实性放在第一位，多些客观报道，少些个人意志，尽量避免主观臆断，恪守新闻工作者的职业道德。

2007 年 5 月，北京电视台出笼了“纸做的包子”，社会各界一片哗然。这条“纸做的包子”的新闻，居然是电视台一名记者买来纸箱、肉馅，让一小作坊工作人员按他的意图导演的。把包子制作过程摄了下来，炮制出“纸做的包子”的新闻。这种恶劣的手段应为广大新闻工作者所不齿，他败坏了新闻工作者的名声，违背了最起码的新闻规律。他本人及北京电视台的相关人员理所当然地受到中宣部、国家新闻出版总署的通报批评。

三、把握网络语言使用的度

“女汉子”“土豪（金）”“高大上”“涨姿势”“我伙呆”“喜大普奔”……网络语言越来越多。每年还有个网络语言排行榜，今年的“猴赛雷”就火了一把。教育部、国家语委 5 月 31 日在北京发布《中国语言生活状况报告（2016）》，“廉”“互联网 +”“反恐”“网约车”等热词成为 2015 年年度热词。此外，“重要的事情说三遍”“世界那么大，我想去看看”“你们城里人真会玩”“主要看气质”“吓死宝宝了”“我想静静”等十大网络用语也入选。新媒体迎合网众口味，使用最新潮的网络用词往往会引来更多的点赞，也成为编辑们的至爱。因此，能合理适当使用网络语言也成为对新媒体编辑的最低要求。

无可置疑，网络语言在一定程度上丰富了汉语言的表达方式，甚至可以说是对汉语言的创新和发展。但网络语言的风靡，确实也有其消极的一面。其中最主要的问题就是会对规范的现代汉语形成冲击，这对于青少年学生来说，尤为严重。他们很容易会把在网络世界里用惯了的网络热词、热句用到规范的现代汉语中去，甚至对语言的健康发展产生不利影响。最近，“牛掰”“然并卵”“屌丝”等不雅网络语言在微信中频频出现，为取悦网众，甚至使用“草泥马”“蛋疼”“我日”等粗鄙化表达。如果传媒新媒体也跟风，这不仅违背了公序良俗，损害了党宣传部门的形象，也是对民族语言文化的亵渎。坚守社会责任，传承语言文化，将违背社会道德的网络低俗语言拒之门外，积极传播核心价值观，应当成为每位传媒新媒体编辑义不容辞的使命。

因此，传媒新媒体编辑要把握好这样的一个度。比如一些污秽词汇还是要杜绝，而一些传播正能量、发出好声音的词汇虽然在语法上与现代汉语言规范不符，但应该持包容和理解的态度，既要宽容又要规范吸收。正如全国政协委员、韬奋基金会理事长聂震宁所建议的，“有关部门和媒体，要有意识、经常性地组织开展对新词汇的讨论，达到取其精华、去其糟粕的目的，发挥好语言的向导作用。”

四、把握新媒体标题吸睛的度

现在无论是报纸、杂志还是网络新闻，都会时不时地出现一些看上去十分“亮眼”的标题，让读者看了觉得一定是爆炸式的消息，然而读进去才发现和标题所说的相去甚远！这就是所谓的“标题党”，新闻作者为吸引读者最重要的一个方式，在新闻中故意用较为夸张、耸动的文章标题来吸引网友点击观看。自媒体更是有过之而无不及。

“标题党”式的新闻稿，是吸睛重要还是真相重要？虽然这种“标题党”真的可以吸引众多读者的眼光，但另一方面，它也让新闻最重要的“真实性”丧失。譬如一新闻标题“我一个月打胎 3 次，会有问题吗？是不是出什么事了？”打开一看，配图竟然是打车胎。还有一篇新闻是某年某地方发大水，洪水冲破堤防，人们惊恐逃亡。结果无节操的标题党竟标题为“高潮来临，男女兴奋过度不知所措”。

新闻“标题党”看似标新立异，另辟蹊径，实则是黔驴技穷、不舞之鹤。这种风气不但践踏了新闻的真实性、客观性，而且严重危害了群众的知情权，严重污染了新闻报道的纯洁性。所以在 2015 年，许多媒体、公众代表纷纷呼吁叫停新闻标题党，还原新闻真相。

虽然这类标题能够很好地抓住读者的眼球，引起读者的好奇心，就像微信流行的一种段子骗术叫“点开全文”，比如开头一段一本正经地写道：“健康小知识，如何避免在刷牙的时候恶心干呕……”然后等你点开全文却给你来了一段：请不要再对着镜子刷牙了。但是娱乐的终归是娱乐，它可以不讲究真实性，而新闻作为一种为群众获取信息的专业渠道，就不应该以“娱乐”的态度去对待。

一名新闻从业者应该从精神高度上认可“真实是新闻的生命”，在工作中树立正确的人生观、价值观、事业观，摒弃隐瞒虚报、篡改标题等恶习，用认真的态度求成效，用实在的报道图发展。只有这样，才不至于亵渎了新闻的神圣形象，才能够重塑新闻报道的纯洁性，助力社会公平正义、推动社会前进。

（作者陈捷生系南方日报江门新闻部主任，黄少芬系江门市新会广播电视台新媒体中心副主任）

关于“脱欧”报道思考：快读时代，除了图，我们别无所图

□黄燕

黄燕

今年6月23日，英国脱欧，国内外关于英国脱欧的报道，铺天盖地，微信朋友圈亦被该则新闻刷屏。老实说，作为非财经类人士的普通老百姓，对此实在无感，但作为一名新闻工作者，却不可无视这个重大的国际新闻事件。

翻看历史便可得知，自欧盟成立以来，还没有一个国家真正退出过欧盟，而这次公投之后，英国将如何与欧盟完成后续工作也充满了不确定性。因此英国公投脱欧无论在政治上、历史上还是经济上，都是一件意义非凡的大事，也是媒体争先报道的大事。这盘媒体大餐怎么做？各家媒体可谓使出了浑身招数。尤其是“脱欧”当天，国内外媒体轰炸式的报道和关注中，读者们被裹挟着，也在被动和主动吸收着海量信息和相关报道。

以微信公众号作观察样本，本文作者翻阅了传统官媒、知名财经类纸媒、知名都市类纸媒和相关自媒体的微信公众号，对报道的形式和内容作了一个简单的梳理和对比发现，有趣的图文报道完胜沉闷的深度分析报道、形象解读 PK 掉学究气访谈，简洁实用信息胜过臃长生僻的专业分析。同一报道内容，不同的呈现形式，出现完全不同的传播和关注效果。在速读时代，图片，尤其是原创图片，成为吸睛之宝。稍显夸张一点说，读图时代，除了图，读者别无所图。

传统媒体：官媒沉闷，财经类专业，都市类灵动

我们先看看传统官媒微信公号的推文。新华网公众号 6 月 24 日 17 时 21 分推出"'脱欧'后，英国怎么办？"，文章称记者采访了中国社科院欧洲研究所欧洲国际关系室主任赵晨。推出"卡梅伦的政治前途如何？英国政坛形势如何？"等六大问题，一路问答下来俨然一幅国际关系论文面孔，篇幅之长，面孔之硬，直接让人"晕倒"的节奏，毫无阅读欲望。

央视新闻公众号 6 月 23 日 20 时 54 分发布央视评论员的评论"这可能是英国近期最'惊心动魄'的 24 小时，和我们有什么关系？"，对"英国脱欧公投为什么能引发关注"配发图表，而"英

专家点评

英国脱欧有可能造成全球金融崩溃
经济学家宋清辉

短期内，脱欧将给全球金融市场造成动荡，导致投资者抛售股票等风险较大资产，而转向安全的国债。这可能导致英镑对其他货币的进一步下跌，甚至造成全球金融崩溃。

脱欧胜出
人民币中间价需贬值3.55%
民生证券管清友

脱欧成功，按照英镑和欧元齐跌20%的情景来估计，其余变量不变，美元指数被动上涨12.4%至106，根据已经形成的"中间价+CFETS"两条腿的定价公式来看，假设CFETS保持不变，贬值压力全部由中间价承担，中间价需贬值3.55%至6.8318。

英国脱欧无悬念
全球央行有预案不必慌
英大证券首席经济学家李大霄

从现在的情况预测，脱离欧盟将无悬念，全球金融市场将激烈动荡，但短期的货币黄金的波幅已经巨大，日京指数的反应已经过度，恒生指数的反应属正常，A股的反应属最坚挺，接下来考验欧洲市场及美国市场，相信全球央行不会坐视不管，应该有预案。不必恐慌。

国如果‘脱欧’如何影响我们”部分，简洁明了，重点突出，相较新华网公众号访谈报道软和得多。阅读量达 8 万 3 千余，点赞 340 人。

财新网公众号 6 月 24 日 11 时 56 分推出哈佛大学经济学教授、波士顿联储前主席的署名文章“英国退欧后果几何”，对“退欧”后果作出阐述，同样是分析和思考性的文字，但胜在文章篇幅不长，言简意赅，阅读量达 10 万 +。

21 世纪经济报道公众号 6 月 24 日 13 时 46 分推出了“脱了！英国真的脱了！有关英脱欧你想知道的都在这里”，其刊载的一组漫画——“脱欧之后，英国人的生活是这样的”成为吸睛亮点，阅读量达 10 万 +。

南方都市报公众号 6 月 24 日 13 时 31 分推文“脱了！英国人还是决定脱了！英镑暴跌！”，发挥纸媒传统操作优势，对英国当地纸媒头版、网友言论、英国大咖看法及综合自媒体刺猬公社公众号制图，直观展示脱欧派、留欧派两大阵营想法，梳理“脱欧”如何影响我们，虽不算创新，但胜在资料整合到位，重点突出，以读图取胜，阅读量破 10 万，点赞超 200。

特色自媒体：原创图片 + 独特视角，轻松吸睛 10 万 +

与传统官媒高端沉闷的深度报道形成鲜明对比的是，一些自媒体以轻松原创作品阐释该新闻事件，形式活泼、视角独特，故事性强，轻松吸睛 10 万 +。

自媒体“假装在纽约”6 月 24 日 23 时 21 分推文“英国脱个欧，炸出一堆新单词”，从事件衍生的英文新词汇上解读热点，涨姿式。同时对英国主要报纸杂志的头版和封面报道作了集纳对比，图文并茂，另种姿态，可谓是实时的媒体报道和读报资料大全。阅读量超过 10 万 +，点赞 1600 余。

轻阅读和深阅读，谁选择了谁？

据虎嗅网6月24日发布的统计显示，Twitter上以#Briexit（英国脱欧）为话题的推文已达55万以上，微博上“脱欧”和“卡梅伦辞职”两个话题，从24日中午开始就稳居热搜榜前列；朋友圈被“英国脱欧”相关文章和段子轮番刷屏。

对于英国公投脱欧这样的重大国际时事新闻，除了微信推文外，我们在社交媒体上看到的内容，几乎都是将这一具有宏大的历史意义的事件打碎成了一条条碎片的句子传播，甚至只用更直白的图片。

在快速阅读的时代，借助电子传媒和移动互联网的传播平台，时下读者的阅读习惯和思维以及话语体系正在发生悄然改变，早已不同于以往在课本或报章上一板一眼地看历史或新闻，如今社交媒体从不同侧面描绘的大事件，正在让我们以更轻松、更多元的角度了解、参与并一定程度上创造它。稍显夸张一点地说，速读时代，除了图，读者已别无所图。

读图，读图，还是读图，重要的事说三遍。凤凰网大鱼号围绕英国公投脱欧事件背景和动态，历时一周创作的16幅漫画组图——《英国要脱欧？这是两口子闹离婚呢！》，就是一个社交媒体和新媒体以轻松形式报道严肃时政新闻的成功案例。从这组漫画及各路段子手创作和传播原创作品效果来看，谁能对新闻事件的作出高度精炼而创新式的图文报道，谁就占领了速读时代新媒体的读者，而这种图文配是简洁、简洁、再简洁，有趣、有趣、再有趣。对于码字工人而言，这可不是降低了要求，而是提出了更高的要求。要求记者和编辑本人要吃透新闻事件并加以创作提炼再传播，是更加烧心费脑的活。

英国华丽丽的一脱，也脱出了媒体人的无限创意。正如，有媒体所分析的那样，如今每逢Big Day，人们更习惯第一时间用社交媒体中的碎片信息慢慢拼凑出事件的全貌，而非第一时间去读传统媒体的深度分析文章，社交媒体承担起了划重点、做延展的任务。而据本文作者观察，这些重点、延展便是以段子、短句、原创图片的形式呈现，寥寥数语窥全貌，甚至在读完图片后才引发读者追看深度报道的兴趣。

最后，想提一点的是，提倡花式报道，并不是说要放弃深度报道，而是在速读和悦读时代，为适应新的阅读习惯，媒体人更要研究和创作能引发读者阅读兴趣的新闻作品，从而更有效地传播，让轻阅读和深阅读相得益彰、相映成趣。

（作者系南方都市报资深编辑）

网络直播要讲公德

□文添

文添

据7月27日的人民网报道，日前，在河北石家庄市，一位12岁的少年沉迷“快手直播”，半个月狂刷支付宝3万余元打赏主播。紧接着，急于追回钱的哥哥，却误把网络诈骗电话当成该直播服务热线，被骗去5000元。而这两个孩子的父母、44岁的河南籍外来务工者赵国辉和妻子对此却一筹莫展。省吃俭用攒下的5万余元存款，接连两件事损失了近4万元，这让赵国辉一家的经济陷入困境。老赵不得已跟姐姐借了4万元，才交上了食堂摊位费和房租……

赵国辉认为孩子还小，花钱时并没有意识到问题的严重性，他希望“快手”公司能理解他的处境，退回部分钱。

尽管当地律师称，12岁孩子的消

费行为无效，可是打赏划出的款项能要回来吗?

这直播打赏怎就生出这般奇特的事来?

网络直播是这两年日渐走红的传播新事物。自打上线之日起，这个以娱乐换取打赏的网络视频播放就一直充满争议，除了主播表演与网民砸钱这游戏合理与否，争议点更多地围绕内容是否健康以及这类新兴娱乐该如何管理。

2016年2月19日在党的新闻舆论工作座谈会上，习近平总书记指出:“新闻舆论工作各个方面、各个环节都要坚持正确舆论导向。各级党报党刊、电台电视台要讲导向，都市类报刊、新媒体也要讲导向；新闻报道要讲导向，副刊、专题节目、广告宣传也要讲导向；时政新闻要讲导向，娱乐类、社会类新闻也要讲导向；国内新闻报道要讲导向，国际新闻报道也要讲导向。”习总书记这一重要讲话精神，是新时期党的新闻舆论工作的基本遵循，也是文化工作的指针。

树欲静而风不止。一种传播现象，同时又是一种社会现象、一种文化现象，似乎在人们的不知不觉中迅速地到来，并且深刻地影响着人们的生活。

2015年以来，让无数人如痴如醉，“火”得让人完全没有思想准备的网络直播在顺利地夺人眼球的同时，也叫人乖乖地掏腰包——同一个夜晚，有眼皮不眨一下，掷下十万元以观赏主播换五套衣服的年轻土豪，也有为过把眼瘾奉送大半个月打工收入的升斗小民。

网络直播制造了一连串不可思议的疯狂、荒谬、亢奋和无聊，演绎着一幕幕光怪陆离的现代荒诞剧。有的主播月入打赏百万，而他们的一些“主顾”却仅仅为了一过那瞬间眼瘾，不得不少添衣物，从每顿五六元的快餐中节省部分，蜗居“胶囊”，以步当车……

网络直播让人乐了，更让人昏了、让人智商断崖式下降了。因为带有典型的悲情色彩，石家庄赵小朋友的遭遇才引起主流公共媒体和民众的强烈关注。

人们替小赵唏嘘的同时，有多少不对那家网络直播公司表示愤慨的?

我们在惊叹网络直播可怖魔力的同时，更要谴责那些不择手段讹人钱财，丧失道德、罔顾法律的行为。

媒体是社会公器，媒体及其工作人员承担社会责任，坚持客观报道，弘扬社会正气，维护公平正义和公序良俗，具有自觉的人文关怀意识，是应有之义。否则，便没有资格对公众说话。英国学者马修·基兰(Matthew Kieran)在《媒体伦理》中说:新闻可以说是“建立在道德原则上的职业，它是由道德实践所构成的”。《什么在决定新闻》的作者、美国学者赫伯特·甘新（Herbert J.Gans）也指出，由于所扮演的角色，决定了“新闻从业者所守卫的，不仅是嵌入到恒久价值之中的道德秩序，更是一系列理念、习俗与道德观念”。尽管媒体一般不会硬性规定其工作人员、公众也没有要求媒体人必须成为社会道德模范，但是，如同教师一般，新闻从业者必须具有较高的道德水准，却是确定无疑的公众认知。如果新闻从业者的道德水准沦为普通人甚至不如普通人，就好比教师在公共场所大爆粗口、随地吐痰，或者暗地里作奸犯科、诲淫诲盗，这样，公众是肯定不允许的——当然，一般情况下，出现这种情形，社会也会予以纠正的。

正由于网络直播是面向公众的视频播放，主播是直播的主持人，因此具有大众传媒属性的网络直播及其主播首先应该考虑的是内容可能产生的社会效果，并且身体力行，带头守公德、立私德，做社会主义核心价值观的实践者和弘扬者。明知传播色情、迷信、赌博、吸毒贩毒、谣言、暴力等有害信息于法不容，但是为了牟利，却肆无忌惮，不择手段。如不制止，这种现象势必变本加厉，愈演愈烈。对于这类毫无道德观念并且不愿讲道德、甚至公然藐视法律的人，讲道德显然是白费口舌。怎么办？坚决地绳之以法！制造和贩卖精神鸦片，无异于谋财害命；散布文化垃圾，毒害的是社会空气。因此，管理部门除了保持高压态势，及时有力地打击违法网络直播，最大限度地提高违法成本，让人不敢触碰违法网络直播高压线，还得盯紧网络直播，切实做好管理，看谁在无视社会公德、在玩弄手法，变相制毒排污。一经发现，立即处理。当然，坚持不懈地对公众特别是青少年进行道德和“三观”教育，同时不断地丰富人们的文化生活，提升全社会的道德水平，也是非常必要的。如果由于管理部门失职或整治不力而导致网络直播“垃圾”遍地，蚊蝇孳生；由于污染严重而积重难返，问题就比直播乱象本身更加可怕了。

2014年10月15日习近平在文艺工作座谈会上谈到存在问题时指出，有的搜奇猎艳、一味媚俗、低级趣味，把作品当作追逐利益的“摇钱树”，当作感官刺激的“摇头丸”；有的胡编乱写、粗制滥造、牵强附会，制造了一些文化“垃圾”。而今网络直播，文化“垃圾”不少，认真清扫，很有必要。

（作者系资深媒体人）

铲字

□田东江

田东江

贪官落马之后，那些喜欢到处留下墨宝的，从前作为“大旗”存在的“虎皮”，旋即成了刺目尴尬之物，命运只有一条：赶快抹去，要多快有多快。类似事件比较“著名”的，远有江西原副省长胡长清、重庆原副市长王立军，近有广东省政协原主席朱明国，所谓著名，就是都曾引发舆论的一阵热议。

这并不难理解，我们的传统文化从来都十分重视“德”。春秋的时候，叔孙豹在与范宣子对谈时将提出了著名的“三不朽”：“太上有立德，其次有立功，其次有立言。”把德摆在第一位。唐人孔颖达的解读是：“立德谓创制垂法，博施济众”，亦即树立高尚的道德；“立功谓拯厄除难，功济于时”，亦即为国为民建立功绩；“立言谓言得其要，理足可传”，亦即提出具有真知灼见的言论。钱穆先生指出，在历史上的不同时代，对“三不朽”各有所偏，如汉、唐人重立功胜过于立言，宋、明人重立言胜过于立功；然而，“立功与立言，仍皆以立德为本源”。他举例说：“中国文学界，通常认为李太白诗不如杜子美，柳河东文不如韩昌黎。李、柳之所以稍逊于韩、杜者，主要差别不在其诗文上，乃在自其诗文所反映出其作者所内蕴之德性上。”文字上差一点儿，“德”都是这样的结果，何况“官德”全缺的落马者呢！

在书画问题上也是这样。陆容《菽园杂记》云：“古人看书画，一要师法古，二要人品高。人品不高，虽工亦减价矣。”他举了一正一反两个例子，先看人品高的。上虞俞汉远，“尝膺保举寓京师时，吏部郭尚书知其能画，使人召之，不赴"。来人告诉他，那可是人事部长啊，"人欲求一见而不可得，子何独不住？" 俞汉远这样回答："吾以应荐而来，今往为之画，使他日得美除，人将谓以画得之。" 可惜的是，老俞最后也未除官，死在旅店还因 "贫无所蓄，乡人裒金为敛之"。他的同乡钟钦礼则不然，画得也不错，但 "以上司多好其画，辄以此傲人"，进而以之为资本，"依托官府声势，诈取人财"。曾经有人拿他的画给陆容，陆曰："屋壁虽陋，不挂赚金贼画也。" 私家尚且如此，公域就不用说了。具体到书法，众所周知北宋有四大家，"苏黄米蔡" 或 "蔡苏黄米"。在这里，谁先谁后不是大问题，大问题是 "蔡" 究竟指谁。一般认为是蔡襄，但清人周星莲认为是蔡京，因为 "后世恶其为人，乃斥去之，而进君谟（襄）书"。

浏览历史还可以看到，不要说奸臣或贪官了，好多著名人物的著名作品，因为事件或命运的此一时也彼一时也，字迹被铲的也并不乏见。李商隐有著名的《韩碑》诗，韩碑即韩愈《平淮西碑》，记述的是唐宪宗元和十二年（817）裴度平定淮西藩镇吴元济的战事，中学课本里的《李愬雪夜入蔡州》是也。吴元济是李愬抓的，功莫大焉，韩文突出的却是宰相裴度，李家不干了。愬妻，唐安公主之女，公主又是德宗的爱女，这样的人物足可通天。当愬妻进宫诉说碑文不实之后，宪宗即命段文昌重新撰文勒石。原碑呢？ "长绳百尺拽碑倒，粗砂大石相磨治"，消除痕迹。因为李商隐非常认同韩文的观点，所以写了这首七言古诗，"公之斯文若元气，先时已入人肝脾" 云云，表明即便碑面被磨平了，但韩愈文字的力量是磨不掉的。当然，韩碑的遭遇与贪官被铲字具有性质上的区别。苏东坡的遭遇乃与今天的落马者相似，他被贬谪之后，朝廷下令天下尽毁其所撰碑文，连神宗皇帝题额的《上清储祥宫碑》也未能幸免。御笔怎么办？有办法：御笔保留，专磨苏文。用《续资治通鉴》中的说法，哲宗绍圣四年（1097）诏："上清储祥宫御篆碑文，苏轼所撰，已令毁弃，宜使蔡京撰文并书。" 神鬼皆知地弄一通新的。

在故宫收藏的宫廷家具中，有一件"紫檀框嵌染牙竹石图御制诗挂屏"，与今日铲字即完全相同了。诗是乾隆的，"青牛为石朱为竹，便与寻常意境殊" 云云，工整的隶书是谁的呢？和珅的。和珅不是被嘉庆赐死了吗？没错，所以挂屏上原本的 "臣和珅敬书" 字样被挖去了，但现在从痕迹中仍依稀可辨，就像抹去 "朱明国" 之后一样，稍一留意仍然辨认得出来。2016 年年初，沈阳故宫首次展出了和珅为乾隆特别制作并进献的玉如意，同样是御制诗下，小字署款 "臣和珅敬书"，还刻有 "和" "珅" 篆书连珠方印。报道说，这也是沈阳故宫唯一带有和珅题款的藏品。贪官的墨迹，只能以小玩意或者私底下的方式存在了。

如今有书法爱好的官员很多。有的专门练过，如胡长清等功力还不浅；有的则根本提不起来，只是权力作祟才赢得追捧。题词之时，润笔之外，装裱、悬挂伺候；倒台之后，忙不迭地除旧布新。一来一往，靡费了多少公帑？避免浪费或杜绝权力以别样的方式寻租，不妨明确规定：禁止官员题字题词。

（作者系南方日报编委、理论评论部主任）